창작문학

제2호

김경란

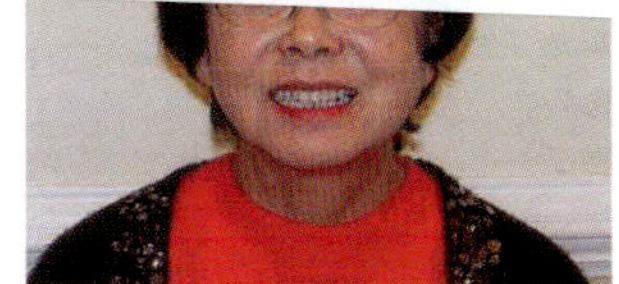
김남순

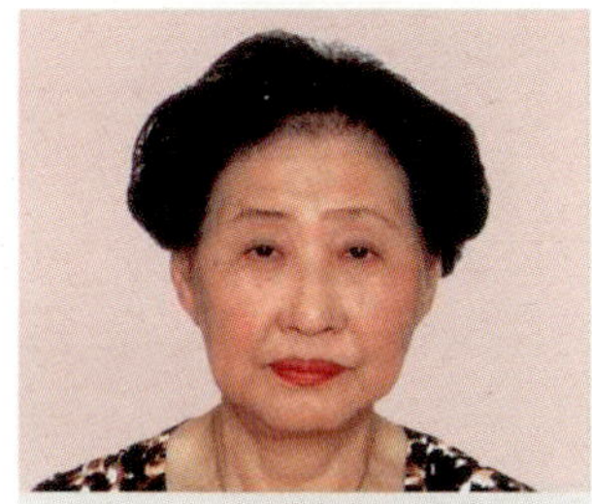
김학선

박도영

박순애

석은옥

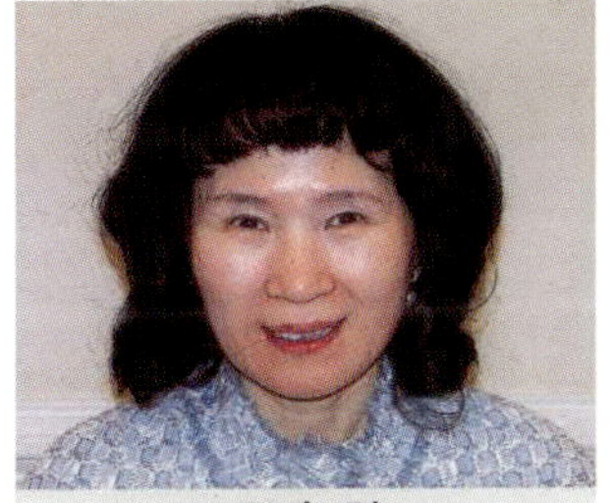
오순희

옥정자

이은애

정영희

조금선

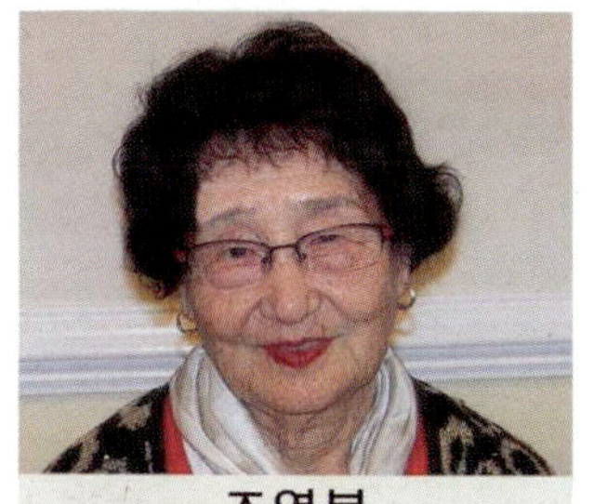
조영복

지영자

차영운

워싱턴창작문학회 화보

▲ 창작문학회 송년모임

▲ 창작문학회 월례회

▲ 『창작문학』 창간호 출판기념회

▲ 창작문학회 회원 봄소풍

▲ 창작문학회 멤버들

▲ 창작문학회 신년모임에서

▲ 창작문학 출판 간담회

▲ 창작문학회 월례회를 마치고

창작문학

2015년 제2집

워싱턴창작문학회

『창작문학』 제2집을 펴내며

정영희
(워싱턴창작문학회 회장)

나는 인생을 등산하는 심정으로 지금까지 살아왔다. 등산가의 목표는 오직 하나, 산 정상에 오르는 일이다. 정상에 올라 아래를 내려다보며 즐거운 웃음, 만족한 감정을 느껴보는 흐뭇한 희망이, 산골짜기를 지나고 험한 좁은 길을 지나 바위 틈새를 지나도 피로한 줄을 모르고 그저 앞으로만 걸어 나가게 한다. 오직 정상에 올라 보겠다는 희망이 있기에 가능하다.

희망은 가능성에 대한 신념이요 미래에 펼쳐질 찬란한 욕구이기에 힘이 들어도 견디어낸다. 산 중턱에 앉아서 아래를 내려다보면 정상에서 보는 그림과는 많이 다른 그림이며 감정 또한 다르다. 길거리와 동네는 자세히 보이며 사람들의 모습은 활기차 있다. 많은 사람들이 어찌나 바삐 움직이는지 참으로 아름다운 광경이다. 그 많은 행인 중 같은 얼굴, 같은 성격의 소유자는 하나도 없다. 각기 다른 인격을 가진 사람들이 각자 다른 목적으로 바삐 움직인다. 인격이 성실과 사랑으로 이루어지는 것이기에 각자가 다 다르게 보이는 것이다. 여기 각기 다른 인격을 가진, 그러나 성실과 사랑으로 무장된 문우들이 모여 한 글자, 한 문장을 정성을 다해 모아놓은 글들을 세상에 펴낸다. 불후의 명작을 써 보겠다는 감정도 아니고 글재주를 자랑해 보이겠다는 교만한 마음은 더더욱 아니다. 오직 현재의 성실을 후대에 알리고 지금 이 순간들을 순화시키고 정화하여 방황하는 사회를 조금이나마 좌정시키려 노력해 보겠다는 취지이다. 글 한 편 한 편 진실에 근거하였으며 각자의 인격의 표현이다. 한 편의 글이라도 생각하며 읽혀지고 그 속에서 숨겨진 철학의 재발견이 있었으면 하는 간절한 희망이다.

2015년 3월

■ 추천의 글

글로 쓰는 삶

류응렬
(현 워싱턴중앙장로교회 담임목사 · 전 총신대학교 교수)

저는 매주 교회주보에 목회칼럼을 씁니다. 한 주간 일어난 일 가운데 가장 중요한 것, 기억에 남는 것, 교인들에게 꼭 들려주고 싶은 내용을 글로 표현해서 성도들과 첫 만남을 합니다. 칼럼주제는 꼭 나누고 싶지만 설교에서 못다 하는 내용들이 많습니다. 칼럼을 쓸 때 가장 중요하게 여기는 것은 평범한 삶 속에 스며있는 아름다운 이야기를 정직한 눈으로 파악하고 따스한 마음으로 정리해서 진실하게 쓰는 일입니다. 글은 종이 위에 펼쳐진 삶이기 때문입니다.

글을 쓴다는 것은 아름다운 삶을 살아가는 것입니다. 감동이 있는 삶이란 진실하게 살아가는 모든 삶 자체이기에 좋은 글이란 진솔한 삶을 깨끗한 마음으로 엮어 내는 일입니다. 좋은 사람을 떠난 감동적인 삶이 존재하지 않듯이 아름다운 마음을 떠난 좋은 글은 기대하기 어렵습니다. 워싱턴창작문학회의 글이 읽은 사람의 마음을 열게 하는 것은 모든 글에 제마다 경험하는 삶의 진솔한 호흡이 스며있기 때문입니다. 이민사회의 아픔과 조국을 향한 그리움 그리고 사랑하는 사람을 위한 노래와 신앙과 삶의 찬가도 가지런히 펼쳐져 있기 때문입니다.

아름다운 삶에서 나오는 좋은 글은 읽는 사람에게 아름다운 삶을 꿈꾸게 만듭니다. 글이란 한 사람의 삶 자체이고 다른 사람을 향한 선생이기 때문입니다. 워싱턴 창작문학회에서 엮어내는 두 번째의 결실이 이민사회뿐 아니라 모든 동포들에게 삶의 향기로 가득한 행복한 선물이 되기를 기대합니다.

■ 격려사

창작은 삶의 창조이다

임소정
(워싱턴한인연합회 회장)

저의 어린 시절, 미국으로 올 이민 짐을 준비하시던 저희 부모님은 소소한 집안 살림들을 하나 둘씩 정리하셨지만, 책장 가득 자리 잡고 있던 세계문학전집과 한국문학전집은 그 엄청난 무게와 부피에도 불구하고 저희 형제들에게 가장 소중한 것이라고 하시면서 한 권도 빠짐없이 모두 배에 실어오셨습니다. 미국에 처음 도착하여 영어 배우랴, 학교 수업 좇아가랴 정신없이 바쁘던 와중에도 어머님의 고집스러운 가르침에 따라 그 많던 문학 서적들을 읽고 또 읽었습니다. 처음에는 어머님의 그런 가르침이 이해가 되지 않아 귀찮기도 하고 짜증스럽기도 하였으나, 책을 읽다보면 어느새 그 책 속에 푹 빠져들어 독서의 즐거움을 누리고 있는 저 자신을 발견하게 되었고, 그 문학 작품들로 말미암아 이민 초기의 외로움과 향수들을 달랠 수가 있었습니다.

비록 고국을 떠나 먼 미국에서 살고 계시지만 한국 문학을 사랑하고 아끼시는 여러분들이 자랑스럽고 존경스럽습니다. 아울러 이번 이민 창작 문학도서 출판을 하시게 된 것을 진심으로 축하드립니다. 고

된 삶의 역경 속에서 진정한 문학 작품이 창작되어진다는 말이 있듯이, 힘들고 고달픈 이민 생활 가운데에서도 시간을 내어 한글 한글 쓰시는 여러분들의 따듯한 마음이 담긴 소중한 책을 이민 사회에 선사해 주셔서 진심으로 감사드립니다.

도서 출판을 위해 수고해 주신 모든 회원 여러분들에게 축하의 말씀을 전해드리며, 앞으로도『창작문학』을 통해 미국에 살고 있는 우리의 다음 세대들에게 자랑스런 우리의 얼과 문화를 심어주는 역할을 해주시기를 부탁드립니다.

감사합니다.

■ 축사

창작은 정체성의 표출이다

백 순

(시인 · 문학평론가 · 버지니아 워싱턴대학교 교수 ·
워싱턴중앙장로교회 원로장로 · 전 미연방노동성선임경제학자)

미국의 수도 워싱턴 디시에서 활발하게 문학활동을 하고 있는 '워싱턴 창작문학회'가 2013년 첫 작품집을 출간한 이후 『창작문학』 제2집을 출간하여 여가가 없는 이민생활 가운데에서도 이민보따리에 들고 온 모국어로 글쓰기를 쉬임없이 하는 창작문학회 문인들에게 경의와 함께 하례를 드립니다.

제가 좋아하는 아이리쉬 시인이며 영국 옥스포드대학과 미국 프린스톤대학의 문학교수이고 형이상학시인인 폴 멀둔(Paul Muldoon)은 「시(문학)의 마지막은 어디에 있는가?」 라는 제목의 강의에서 문학의 궁극적인 목적은 '내가 누구인가?'라는 자기의 정체성을 여러 가지 형태의 이미지를 활용하여 표출하는 데에 있다고 역설하고 있습니다. 문학이란 은유를 사용하는 시든, 솔직한 글을 만들어 가는 수필이든, 이야기를 엮어 나가는 소설이든, 인간의 정체성, 아니 글 쓰는 이의 정체성을 드러내는 데에 그 본질성이 있다는 주장입니다.

『창작문학』 제2집에 발표된 작품들도 태어나 익숙해진 습성과 문화와는 판이하게 다른 미국이라는 이국땅에서 찾아가고 있는 미주한인으로서의 자기 정체성을 표출하는 내용들을 간직하고 있음을 알 수 있습니다. 한글과 영어가 혼용되고 있는 가정에서, 다민족사회인 미국의 시장에서, 보이지 않는 인종차별을 감지해야 하는 직장에서, 가지각색의 배후를 간직한 미주한인들의 각종 모임에서, 미주한인의 정체성은 무엇인지, 여기에 수록한 글들이 어느 정도 표출해 주고 있어서 한국에서 출판되는 창작집과는 다른 면모를 보여 줍니다.

문학이 '나는 누구인가?'라는 인간의 정체성을 표출하는 궁극적인 목적을 갖추어야 한다고 할 것 같으면 미주한인의 정체성을 나타내고자 노력하고 있는 창작문학회 회원들에게 축하하면서 몇 마디 바램을 갖고 있습니다.

첫째, 미주한인의 정체성 표출에는 반드시 미국문화와 뚜렷하게 구별되는 한국문화의 특성이 어떻게 미국사회에서 드러나는지를 서술하여야 할 것입니다.

예를 들면 어느 미국의 사회심리학자가 연구 발표한 바와 같이 한국인은 다른 민족에 비해 감동성(Emotion)이 극히 심함을 알 수 있습니다. 그래서 '한'과 '트집'이 우리 일상생활의 밑바닥에 깊이 깔려 있는지 모르겠습니다. 이러한 한국인의 특유한 '감동성'이 그래도 이성적인 대화를 선호하는 미국사회에서 어떻게 드러나는지를 사건과 이야기로 적어 보는 것입니다.

둘째, 미주한인의 정체성 표출에는 미국화 되어 가는 한인들의 모습을 찾아 글로 엮어 나아가는 것이 요청됩니다. 미주한인은 완전한 미국인도 완전한 한국인도 아닌 제3의 인간의 모습으로 변질되어 가고 있기 때문에 그 변질되어 가고 있는 모습을 글로 표출하는 것이 어찌

보면 워싱턴창작문학회의 중요한 임무이고 문학의 새로운 분야를 개척하게 될지 모를 일입니다.

셋째, 미주한인의 정체성 표출에는 미국문화에서나 한국문화에서나 아니 어느 나라의 문화에서도 찾아볼 수 있는 인간 공통의 본질적인 모습을 그려 보는 것입니다. 인류보편적인 가치인 선과 사랑과 열정 등이 미주한인사회의 삶 속에서 어떻게 드러나는지를 적어 보는 것입니다. 인류보편의 가치라고 할지라도 미주한인사회의 삶이라고 하는 특이한 상황 속에서 펼쳐지는 모습은 매우 독특한 글이 될 것이기 때문입니다.

다시 한 번 『창작문학』 제2집의 출판을 축하하면서 '창작은 미주한인 정체성의 표출'이라는 명제를 가슴에 품고 계속 꾸준히 글을 창작하여, 제3집, 제4집, …. 창작문학을 끊이지 않고 출간하시기를 기대하면서 충심으로 바랍니다.

창작문학 제2집 차례

김남순 편

김학선 편

박도영 편

박순애 편

석은옥 편

오순희 편

옥정자 편

이은애 편

정영희 편

조금선 편

조영복 편

지영자 편

차영운 편

제1부
초대석

역사인 것을 외 4편

박진환

역사란 칼자루 쥔 자의 기록
해서 베이거나 벤 자의 피로 쓴 페이지
페이지마다에 적힌 피 묻은 이름 석자가 역사인 것을

탓타령

세상을 탓하기 전에 탓하는 스스로를 탓해야
탓으로 탓을 다스림이니 네 탓 네 탓이 따로 없음이 아니던가
탓접고 사는 일, 탓을 넘어섬일지? 탓에 영어됨일지? 헷갈리는 탓타령

산수(傘壽)의 세월 타령

세월로 세월을 꼬아 풀어내면 어디쯤에 가 닿을까
꼰 세월로 칭칭 동여매면 세월도 묶어둘 수 있을까
묶인 몸 푼 세월에 묶여 세월로 끌려가는 산수의 세월 타령

예수 아닌 예스

노하기 더디하면 슬기, 허물 용서하면 영광이※ 란 성경의 말씀
노하면 죄가 될까요? 불경이 될까요? 저주가 될까요?
죄면 사면, 불경이면 독경, 저주면 용서가 답, 예수 아닌 예스

※ 구약성서 잠언 19장 11절.

겪어 맛본 정치맛이고

정치란게 존주비민이면 태평성대
수주천민이면 난세
태평성대는 귀로 동냥한 것이고, 난세는 겪어 맛본 정치맛이고

※ 존주비민(尊主庇民) : 임금을 받들어 높이고 백성을 두둔하여 보호함.

※ 수주천민(手主賤民) : 임금을 향해 손가락질하고 백성을 천시한다는 존주비민에 대응시킨 일종의 조어.

제2부

회원 광장

김 경 란의 시

만종(晩鐘) 김경란 약력

- 1932년 서울 출생
- 1952년 중국 본현여고 졸업
- 1977년 미국 이주
- 1978년 달라스 공항 근무
- 2002년 중앙시니어문예부 회원
- 2006년 미주 문예동우회 회원
- 2012년 워싱턴창작문학회 회원
- 『노을 진 들녘』, 『그루터기』, 『들녘에 핀 사슴의 노래』, 『창작문학』 창간호 등 공저

■ 시

시인이란

시인이란
깊고 깊은 우물을 손가락으로 푸는 사람

시인이란
부드러운 구름 속의 천둥소리

시인이란
쪽박으로 바닷물을 푸는 어리보기

시인이란
한 입에 하늘을 먹는 사람

시인이란
시인이란
은유로 사는 사람

달 밝은 밤

휘영청 밝은 달밤
대청에 살포시 홀로 앉아
어머님께 드릴 세모시옷 짓습니다

새들도 잠들고
멍멍이도 잠이 들고
모두가 숨죽인 고요 속에
풀벌레 울음소리 처량합니다

달빛 속에 어린
세모시로 단장한 어머니
고우신 자태
실주름에 눈웃음 둥근 달 같은 사랑

올이 가는 은하수 별빛 모아
세모시 옥색 옷
천벌 만벌
마음으로 짓습니다

뜨락에 누운 달빛 모두 모아
어머니의
고운 세모시 옥색 옷 만듭니다

존경하는 문우를 떠나보내고

달빛 조는 창가에서
그려보는 그 모습
안개와도 같이
어느
하늘가에 머물다 간
한 조각 구름처럼

문우가 뿌린 진주 같은 시어들은
옥토에도
들밭에도
아낌없이 뿌리고 간 문우의 영전 앞에
한 아름 국화송이
국화주 한 잔 올려
삼가 머리 숙여
문우의
영생 문운을 빕니다

빈손

물레방아 돌아가는
언덕 넘어 초가집
등잔불도 조는 밤늦은 토담방
반딧불이 수풀에 요정의 복음자리 비춰줄 때

70여 년
사랑의 묵정밭 함께 가꾼 세월 반추한다
지금은 노을 진 들녘에
홀로된 은행나무
모두
놓아 버린 빈손
가진 것 없는 하얀 빈손

인생의 가을걷이

봄

한 줄기 연한 새싹으로 돋아
꽃비 한 점 뿌리더니
산천초목 청년 되어
짙어진 녹음

높은 바람 우쭐대며 불어오니
오곡백과 익어가며
산에 들에
채색으로 단장한 무희들처럼

이 영혼
가을걷이 끝내고
하얀 날개 달고
본향 찾아 훨훨 날아가겠지

오빠가 사는 고장

내 오빠 사는 태백
태백이 좋아 태백에 갔더니
눈에 넣어도 안 아프다던
그녀를 보내고
쓸쓸히 홀로 남아

추억의 아름다운 이파리 하나 부여잡고
속절없는 나그넨가 임 간 곳을 물어본다
어둠이 내려 앉는 저녁 으스름
오빠가 내게 하던 말

외롬이 얼굴 내밀고
황달기도 아닌 노란 노곤함이
산자락을 덮으면
천연한 솔향 벗삼던
임의 모습 보인다고

듣는 마음 함께 아파
눈시울이 젖고
밤늦은 태백 하늘
몇 점의 별빛마저 훌쩍거렸지

높게 올라앉은 가을하늘 아래

하릴없는 햇빛이
빈 벤치에 널브러진 오후
날 불러낸 새빨간 단풍잎 하나
살며시 내 옆에 와 앉는다

시샘이나 하듯
또 한 잎 내려
내 무릎 베고 누워
날 올려다보며 웃는다

또 한 이파리
내 빈 가슴에 안겨
슬픈 사연 노래한다

높게 올라앉은
가을하늘 아래
이해의 가을이
한 잎
두 잎
세 잎…
내 마음의 뜰에 쌓인다

초록 깊은 사연

망연히 멈춰선 하늘
내 맘
작은 구름되어
흐르는 물 위에 써 보낸
덧없는 세월의 편지

추억을 남긴 채
청춘을 불사른
흘러간 세월

붉은 볼
스쳐간 바람처럼
애틋한 조각구름

파리의 생각

저울에 앉은 파리
제 몸 재려고 저울에 앉았다
다리 하나 얹어 놓고 저울 보고
다리 모두 얹어 놓고 저울 보고

날개 하나 얹어 놓고 저울 보고
저울 눈금 미동하니

아하,
이 저울 고장 났구나

추억의 그 찻집

- 2002년 고국 방문 충무로에서

충무로 고갯길
아물아물 희미한 그때 그 찻집
찻잔 부딪히며
로렐라이 사랑에
장미꽃 로맨스의
그때 그 찻집

인파에 흔들리며
손깍지 끼고 걷던
충무로 고갯길
아물아물 희미한 그때 그 찻집

50성상 이국땅에 버린 세월
주름진 안목으로
더듬는 추억
세정의 변화에 흔적 없으니
지나가던 바람 발길 멈추고
텅 빈
가슴을 토닥인다

희미한 추억의
충무로 고갯길 그때 그 찻집

예술인의 거리
- 충무로 거리

도토리깍정이 같은 베레모
팔각 둘레모
이상야릇한 뚜껑을 더벅머리에 얹고
다듬지 않은 수염 밑에
시거(cigar)를 꼬나물고
허름한 청바지에
다방을 아지트로 거들먹거리던 충무로 예술가들

예술가는 늙어도
예술은 늙지 않는다던
좁은 충무로 거리 먼지를 쓸고 다니던
거리의 예술가들
지금은 어디서
어느 거리의 예술가가 되었는지
그 옛날 충무로 거리

VA. T. 한 돌을 맞아

산도 눈물지며 돌아누웠다
악마가 휩쓸고 간
한 바퀴 지난 세월

죽은 넋들이 울고
산 자도 운다

모두가 목 터지게
울고 부른들

땅의 울타리 밖의
억울한 영혼은 돌아올 길 없다오

밤과 도토리의 대화

알알이 결실하는 어느 날 가을 들

도토리 : (나무에 입 벌린 밤송이에)
고슴도치 아줌마
간밤에 해산했네요.
밤송이 : (도토리에게)
그래 난산으로
세 쌍둥이 낳았네
둘은 토실토실 우량안데
가운데 놈 소아마비 걸렸어.
너도 낙지(落枝)하여
얼굴이 멍들고
베레모도 도망갔구나.
도토리 : (밤송이에게)
밤새 미친바람 때문에 잠 못 잤는데
다람쥐란 놈까지
표독하게 허비는 바람에
떨어지며 머릴 다쳤어.
밤송이 : (합동으로)
우리는 이종사촌지간이지
앞으로 잘해보자구.

바람난 바람

마실 간 바람이
독주에 취했나?

웅덩이 물에 풍덩 목욕하고
깨진 거울 앞에 머물던 바람

팔랑팔랑 머플러 날리며
짧은 치마 멋진 아가씨에게

미친 돌개바람 되어
획!
치마를 걷어 올리는
심술부리는 바람난 바람

갈구(渴求)

가슴에 묻어둔 헝클어진 꿈
풋콩 같은 한숨 내쉬며
힘겨운 하루의 문턱을 넘어
희망 찍어 바르고

비지살 털어내려
헬스클럽에 갔다
말갛게 흐르는 그리운 세월
만져지지 않는 시간 들에 걸고

지나간 시간 반쪽 내어
추억의 수를 놓는다
그림자 없는 메아리의 호소

능금꽃 지던 그 밤

능금꽃 지던 그 밤
아득한 세월 저쪽
희미한 그림자 남기며
둘이 걸었지

사철이 봄이고 여름인 줄 알던
풋과일 같은 인생 초년생
무심한 세월에 씻겨
지금은 찬비 맞은 외로운 외비둘기

돌밭 같은 세상에 던져두고 간
얄미운 그 얼굴을
온 밤을 지새는 까만 밤
눈물로 수심의 산수화를 그린다

세월은 흘러간 삶을 태우는 촛불인가
눈을 뜨고 꿈을 꾸는 잠꼬대인가
가슴 뚫는 아픔은 추억의
옹기 그릇되어
능금꽃 지던 그 밤을 잊지 못하리

낙엽
– 빨간 연서 한 장

누가?
언제 던져놓고 어디로 숨었을까?
빨간 연서 한 장
보낸 사람 이름도 없는
오직 빨갛게 불타는 가슴만 전한
그는 누구?

가을로 함빡 젖은 마음
동그란 웃음 앞에서
희망을 마신다

소박한 정을 담아 이 늙음의
설레는 가슴 벽에
걸어볼거나…

할머니 갈고리 손

빨간 홍시 주렁주렁
작은 초가집
허물어진 돌담 위엔
늙은 호박들

꼬부라진 할머니 손
갈고리 같고
머리채 묶어 매단
씨앗 옥수수

그래도 인심만은 푸짐하여
뒤집은 솥뚜껑의 녹두지짐
한 소쿠리 쪄내온 옥수수 고구마
작은 초가집보다 큰
할머니 갈고리 손

김 남 순의 산문

김남순 약력

- 1950년 황해도 출생
- 1969년 정신여고 졸업
- 2014년 워싱턴 침례대학 졸업
- 2014년 워싱턴창작문학회 회원
- 2014년 콜럼비아 침례교회 사역

■ 산문

이길준 시각장애인의 간증을 듣고

하나님은 여전히 살아 계시고, 지금도 역사하심을 보는 귀한 시간이었습니다. 어려운 고난을 허락하신 하나님의 섭리와 계획을 보면서 그 하나님의 뜻을 찾아 겸손하게 무릎을 꿇으면, 하나님은 마음껏 세상에서 그 사람을 사용하시어 영광 받으시고 또한, 축복을 내려주시고 높여주심에 감사를 드립니다.

맹아학교 교사인 이길준 선생님은 8형제 가운데 둘은 먼저 하늘나라로 갔고, 6명 중 4명이 맹인으로 태어난 가정에서 자라 정말 말로 표현할 수 없는 마음의 고통과 좌절을 하나님의 은혜로, 딛고 일어나 시각장애를 갖고도 바이올린 연주도 정말 잘하는 분입니다.

「또 하나의 열매를 바라시며」를 연주하는 모습을 보면서 아이들의 이름을 <이루하>, <이레하> 이루실 하나님, 여호와 이레의 하나님으로 예비하신다. 앞으로 모든 것을 하나님의 주권하에 이루어 가실 하나님을 찬양합니다.

<이길준>이란 이름도 "세상을 이길 준비가 되어 있다"는 뜻으로 자기 이름을 바꾸었다고 합니다.

성경에 나면서 소경된 자를 향하여 "뉘 죄니이까?" 묻던 자들에게 "이는 하나님이 하시는 일을 나타나게 하려 함이니라." 하신 주님의

말씀처럼 그를 통해서 한국 사회도 장애인들이 대접을 받으며 모든 중요한 기관과 요소마다 하나님의 영광을 드러내는 사람들이 많이 생길 수 있도록 축복하며 기도를 드립니다.

저도 한 알의 밀알이 되기를…….

"한 알의 씨앗이 떨어져 죽으면 많은 열매를 맺느니라."

이 가을에

가을이 들어서는 길목에 서서 높은 하늘에 하얀 구름을 두어 장 떼어다가 평생의 외로움을 같이할 백마 타고 온 나의 왕자님과 오늘도 아침 산책을 합니다. 그리움과 사랑이 마중 나올 것만 같은 그런 코스모스 길에서 하늘로부터 백마를 타고 온 왕자님이 나의 남편인 것을 이제야 알게 된, 정말로 어리석었던 나는 이 아름다운 가을에……

가을의 정취가 물씬 나는 들국화와 코스모스, 그리고 갈대밭이 생각나는 고국으로 우리 부부는 여행을 떠납니다.

이렇게 풍성한 마음을 또 주고픈 사람이 있기에 이 글을 띄웁니다.

사랑하는 남편의 누님!

즉, 저의 시누이께서 췌장암이라는 진단을 받았다는 소식을 듣고 아무 말도 못하던 남편과, 가슴이 아프도록 흐느껴 울던 나는 한국에 다녀오기로 했습니다.

자식도 남편도, 아무도 없으신 73세의 저의 시누님!

“이제는 돌아와 거울 앞에 선 내 누님같이 생긴 꽃이여!”

서정주 시인의「국화 옆에서」가 생각나게 하는 남편의 누님!

우리 모두 다 지나 왔던 세월들을 돌아보면 그 어느 것 하나라도 하나님의 은혜와 사랑으로 또한, 주님의 자비와 긍휼의 손길로 휩싸여 있었음을 더욱 절절이 느끼게 하는 이 가을 아침입니다.

우리 삶의 축복이나 아픔을 접하게 될 때, 좋은 날들과 슬픈 날들! 이 모두를 통해서 바라보면 세상의 모든 일들은 하나님께서 주관적인 계획에 따라 오케스트라를 지휘하고 계신다는 평온한 생각을 가질 수가 있게 됩니다.

나 자신과 우리 모두에게 그리고, 특별히 저의 시누님에게도 영적으로 <Be of Good Cheer>※ 하실 수 있기를 기도드립니다.

※ In the world you will have tribulation. But, "Be of good cheer" I have overcome the world.(John 16 : 33)

김 학 선의 시와 산문

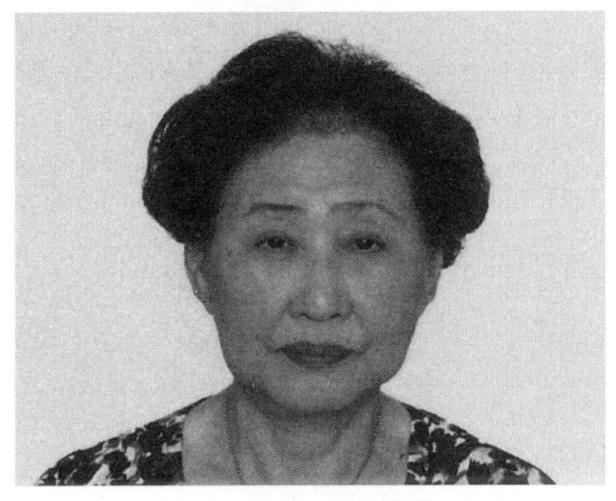

김학선 약력

- 1934년 서울 출생
- 숙명여고 졸업
- 1960년 동아일보「절전」당선
- 1973년 미국 이주
- 2014년 워싱턴창작문학회 회원

■ 시

감사

이른 새벽 눈을 뜨면
나에게 주어진 하루가 있음을 감사합니다

태양의 따스한 손길을 감사하고,
바람의 싱그러운 속삭임을 감사합니다

이토록 아름다운 세상에 태어났음을 커다란 축복으로
생각하고, 항상 감사가 넘칩니다

감사가 넘치는 내 생애가 되기 위해 항상 줄달음질 치고,
겸손과 사랑으로 가득 찬 삶이 되기 원합니다

또한 눈물겨운 감동과 환희를 느낄 수 있는
맑은 영혼의 소유자가 되기를 소원합니다

노을 진 인생

높고 푸른 가을하늘에
햇살은 그늘 속에서 따스함이 있고
모든 만물이 무르익는 풍성한 계절이다

이른 봄부터 씨앗 뿌려
푸른 물결을 이룬 세월의 열매가
겸손의 입맞춤으로 고개 숙인 붉은 노을

길가의 코스모스도
한들한들 여인의 향기를 뿌리며
흘러가는 세월 속에 깊어가는 가을이여

울긋불긋 노을 지는 인생 속에
펼쳐지는 세월의 뒤안길에서

성숙한 여인의 향기로 물들이고 싶다
인생의 연륜 속에 깊어가는 은빛의 사연

송가

가을이 갔으니 겨울이 오겠지
누가 이 길을 막으리
앙상한 나뭇가지를 보며
세월의 무상을 느끼며

지난날의 추억이 떠올려지네
찾을 수 없는 지난날을
그리며 더듬고 있네

벌거벗은 산야의 나무들은
봄이 오면 다시 푸른 옷을 입지만
인생은 외길
다시 돌아오지 않네

아 쓸쓸한 고독을 가슴에 품고
살아가는 우리는
아직도 그리움이 기다리고 있네

사랑

사랑은 생에 빛을 주고
향기를 주고 보람을 주고

의미를 주고 가치와 희망을 준다

이제 우리는 사랑 안에서
마음껏 만족과 환희 속에서

밝은 영혼의 소유자가 되기 위하여
힘차게 살아야 한다

사랑은 정말 고귀한 것
아! 그것은
얼마나 깊고 깊은 것인지요

소중한 인연

진실된 마음이 통하여
기쁨과 행복이 넘쳐나는
참 좋은 삶의 인연이고 싶다

우리와 함께하는 참 좋은 인연으로
맑고 밝은 마음으로
서로를 위로하고 배려하는 참 아름다운
삶의 인연이고 싶다

마음 깊이 흐르는 정으로
말을 하지 않아도 느낌만으로
삶의 기쁨과 아픔을 나누며
웃음과 눈물을 함께하는 참 따뜻한 인연이고 싶다

오래 기억되는 아름다운 인연은
우리의 황혼에서 좋은 친구로 함께 손잡고
마냥 거닐고 싶다

■ 산문

황혼의 멋진 삶

하루해가 저물어 갈 때 오히려 저녁연기와 노을이 더욱 아름답고, 한 해가 저물어 갈 즈음에 귤은 잘 익어 향기롭다.

허망한 욕심 버리고, 마음을 비우며 멋진 삶으로 마무리해야 한다. 베풀고 양보하고 덕을 쌓고 그저 고요하게 품위 있게 살아야 한다.

노년은 산야에 눈이 쌓인 백설처럼 장엄하면서, 밤하늘에 높이 뜬 샛별처럼 은은하게 빛날 수 있어야 한다.

모든 아픔과 시련을 이겨내고 소박함에서 늘 밝은 모습으로 환하게 웃으며 살아야 한다.

모두 마음먹기에 달려 있고 하기 나름대로 자기 관리를 잘하면 황홀한 노년을 보낼 수 있다.

몸은 늙어도 마음과 정신은 새롭게 가다듬고, 매진하는 삶을 살아야 한다.

검은 머리가 파뿌리가 되도록 살면서 늘 감사 생활을 하면서 즐겁게 살아야 멋진 삶이 아니겠는가?

예쁜 증손녀

내 나이 80에 증손녀를 보았다. 얼마나 예쁘고 대견한지 늘 마음속으로 기도하고, 스마트폰으로 사진을 보는 재미가 나를 무척 기쁘게 만들고 있다. 외롭고 쓸쓸하다가도 이 아이 생각을 하면 입가에 웃음이 절로 나온다. 지금 아이들은 태어나면서도 무척 영리하고 똑똑해 날로 달라지면서 커가고 있다.

얼굴도 예쁘고 손, 발 다 예뻐 만지는 감촉이 너무 좋기만 하다. 조물주의 창조력은 너무 커서 이루 말할 수 없는 능력에 감탄하고 흡족함으로 만끽하고 있다. 이 아이로 인해 온 집안이 웃음이 끊이지 않고 서로 다투며 사랑을 베풀고 있다. 항상 아낌없이 기쁨과 즐거움을 선사하는 이 어린아이는 우리 모두를 기쁘게 하며 감사함으로 충족시키고 있다.

귀여운 아기 어느 때 보아도 마냥 예쁘기만 하고 소중하다. 인간의 본능으로 숨김없이 씩씩하게 자라는 이 모습을 보며 오늘도 한량없는 사랑이 솟구치고 있다.

잃어버린 동반자

지금부터 3년 반 전 나는 결혼생활 54년을 마감하는 뜻밖의 사별을 당하는 너무나도 가슴 아픈 일을 당했습니다. 많은 사람들이 당하는 일이었건만 나는 나에겐 전혀 닥칠 줄 모르고 살았습니다. 항상 남편의 그늘 밑에서 살았고, 지나친 과잉보호 아래 행복하게 살았지요. 이분을 떠나보내고 밤부터 아침까지 슬픔에 울고, 고독에 울고, 외로움에 울곤 했습니다. 그리운 사람을 가슴에 담고, 마음이 울적하면 더욱 더 사무치는 서글픔에 허덕이곤 했지요.

어디가 시작이고, 끝인 줄 모르는 아픔과 지울 수 없는 그리움 속에서, 삶의 의욕과 즐거움을 잃고, 지난 추억만을 더듬으며 살았습니다.

인생은 외길, 한 번밖에 살 수 없으니 살아 있는 동안 행복하게 살아야 합니다. 이제 삶의 방향을 바꾸고, 최선을 다해 이 세계에서 벗어나 오직 하나님만을 의지하고, 남은 여생을 맡기고 살기로 작정하고 있습니다.

우리가 알거니와 하나님을 사랑하는 자 곧 그의 뜻대로 부르심을 입은 자들에게는 모든 것이 합력하여 선을 이루느니라.(롬 8 : 28)

이 말씀을 묵상하며 더욱 기도에 힘쓰고 있습니다. 비가 온 후 땅이 굳듯이 이제부터 더 많은 행복을 발견하고, 즐겁게 살려 결단합니다.

그리움

해가 지고 어둠이 어둑어둑해지면 미칠 듯이 몰려오는 그리움과 외로움에 나는 오늘도 가슴 아프게 지내고 있습니다. 지난 추억을 더듬으며 그리는 그대, 불러도 대답 없고, 모습도 보이지 않는 그대. 언제나 생각나고 내 가슴 속 깊은 곳에 새겨진 그리운 그대 마냥 그립습니다. 늘 미소진 얼굴로 환히 웃고, 반기며 늘 감싸주던 그대였기에 더욱 허전한 마음은 벗어날 수가 없습니다.

저녁노을, 희미한 불빛 아래 저무는 황혼에 고독은 한없이 가슴속을 파고들어 초라해지는 내 모습은 하염없는 세월 속에 묻히곤 합니다.

그리운 그대 보고 싶어 울고 싶은 심정. 그 무엇으로 내 마음을 달래고, 위안을 받을까? 세상을 잊을 듯한 아픔과 슬픔도 그대의 그리움 속에 담겨 있습니다. 다시 돌아올 수 없는 이별의 고통과 아픔도, 한때의 추억, 세월 속에 잠시 스친 엇갈린 인연으로 생각합니다.

쏟아지는 빗줄기도 잠시 멈추듯이 인생도 잠시 어둠 속에 스치듯 지내고, 아름다웠던 지난 고운 추억은 평생 잊혀지지 않는 그리웠던 시간입니다. 애타게 떠오르는 세월, 그대 없이 가는 길은 너무 쓸쓸하지만 사랑하는 사람들과 함께 아름다운 순간을 떠올리며 남은 여생 행복하게 살고 싶습니다.

한번 가면 다시 오지 않는 인생길

어느덧 12월만 남아있는 한 장의 달력을 보며, 쉴 새 없이 지나간 시간을 더듬어 보니 왠지 쓸쓸하면서도 그립고 애틋한 기억이 납니다.

좋은 시간 행복한 마음으로 친구들과 대화를 나누며, 포근한 온기를 전했던 추억이 마냥 아쉽기만 합니다.

우리는 서로를 아끼며 사랑하면서 부드러운 미소를 지우고, 허물없이 서로의 마음을 털어놓았던 시절이 무척 그립기도 합니다.

이 시간들은 다시 오지 않고 아름다운 추억으로만 남기고 있습니다. 현실에 알맞은 적응이 무엇보다 중요한 인생길은 지난 일들을 다 거울삼아 충실히 살아가야만 합니다.

떨어지는 나뭇잎들을 바라보며 마지막 공연을 보듯이 나의 시간들을 지켜보면서 새로운 인연과 모습을 상상하며 기쁨과 행복이 넘쳐나는 삶을 살아야 하겠습니다.

박 도 영의 산문

박도영 약력

- 1937년 전라남도 진도 출생
- KBS 제1회 전국 주부 백일장 당선
- 주부생활 수기 당선
- 『조선문학』 수필 신인상 당선
- 2008년 미국 이주
- 2012년 워싱턴창작문학회 회원
- 2012년 아름다운 여인들의 모임 이사

■ 산문

글[文]과 나

2년 전.

나는 우연히 조카를 만나게 되어 글을 쓰는 모임에 나가게 되었다. 조카는 시인이다. 식사가 끝나면 각자 써 온 작품을 낭독하고 의견 교환을 하면서 친목을 도모하는 것이다.

젊어서 나는 잠깐, 글을 써보긴 했지만 수십 년 펜을 들어보지 않던 터라 과연 이 나이에 글이 써질까. 자신감이 생기지를 않았다. 더군다나 생활반경과 경험이 평생 제한되어 살아온 까닭에(주부로서만) 글의 소재란 뻔한 것, 나 자신이고 내 느낌이 전부일 수밖에 없다.

글은 잘 써지지 않고 어쩌지. 그만둘까 싶었지만 변화 없는 노년의 생활에 약간의 긴장과 활기가 생기는 것 같아 지금까지 이어져 왔다. 시간이 점점 지나가면서 뭔가 모를 마음의 부담, 무거운 기운이 나를 덮치곤 한다. 간단한 명사도 때때로 생각나지 않아, 멍하니 앉아 있다가 한참 만에 잃었던 길 찾듯 헤매게 되니, 그 중압감에 시달릴 때가 있기 때문이다. 주절주절 하고 싶은 얘기는 왜 그리도 많은지. 누에고치 실 뽑아내듯 끝이 없으니, 결국 폐지만 수북이 쌓이고 만다.

'글은 곧 사람이다', '글은 사는 만큼 써진다'라는 말이 있는데 요즘 내 사고력, 분별력, 표현력, 판단력 그중 기억력은 스스로 생각해도 심각하다. 어느 길 하나도 선명치가 않으니 글다운 글이 써질 리 만무. 심란할 때가 많다. 필요한 물건 찾으러 갔다가 '깜박' 멍하니 서 있기 일쑤. 딴 짓만 하다가 '내가 여기 왜 왔지' 싶을 때가 어디 한두 번인가. 내 글 또한 예외는 아닌 것 같다. 얘기가 잘 나간다 싶다가도 옆길로 새기 일쑤. 내가 지금 무슨 얘길 하려 했던가……. 체력은 달리고 그만 누워버린다. 그러다 무엇에 놀란 토끼마냥 벌떡 일어난다.

되든 안 되든 끝은 봐야지. 나는 생각해본다. 베 못 짜는 처녀 베틀 탓하듯. 재주 탓, 나이 탓을 하는 것이다. '몇다 모르겠다' 책 읽기 좋아하니 속 편하게 남이 잘 써 놓은 책이나 읽자 하다가도 내 가슴에 있는 많은 이야기들을 작은 엽서에 담아 그 누군가에게 띄워 보내고 싶다는 욕망이 솟아오름은 또 무슨 조화 속이란 말인가.

나는 잠을 설친다. 내 홍에 빠져 먹지도 않는다. 그래 세계적인 무용수만 춤추란 법 있던가. 열심히 써본다. 그러다가 얼마 후 읽어보면 이건 아닌데 싶어 맥없이 마음 가라앉지만, 이런 내 일관성 없는 심적 요동 또한 신선한 삶의 리듬도 되리라 믿으면서 용기를 내기도 한다.

그래 내 식 나만의 춤을 추자. 조금 서툴러 비틀거리더라도……. 스스로 매순간 위안을 찾으면서 공동체 어울림에 만족감을 갖는다. 그런데 근간 『창작문학』 2집을 내야 한다니. 나는 마치 숙제 받은 학생처럼 요즈음 밤이나 낮이나 맘 놓고 놀 수가 없는 심정이다.

무슨 일이든 처음이란 기대와 설렘이 있기 마련이지만 두 번째라는 이유만은 아닌 것 같다. 간단한 글이지만 쓸수록 어려워지기 때문이다. 글은 자기 위안이요 치유의 수단이라 하지만 책을 내게 되면 얘기는 달라지게 마련이다. 나 혼자 읽고 마는 일기가 아니지 않은가. 아무리 생각해 봐도 역시 본인의 역량 부족이 겁이 나서이리라 싶다. 그러니 마음이 천근만근 무거울 밖에…….

시간이 흐르고 날이 갈수록 나를 감싸는 모든 것들이 새 깃털처럼 가벼웠으면 싶을 때가 있다. 옷도 핸드백도 가벼워야 좋고, 육신은 물론 마음까지도 훨훨 날았으면 좋겠다. 남은 여생 나날들도…….

'그냥 책 읽고 도란도란 얘기 꽃 피우면서 지내면 안 될까?' 그러다가 쓰고 싶을 때 신변잡기면 어떻고 넋두리가 된다한들 이 나이에 그게 뭐 큰 흉이 되겠는가. 남의 타령도 귀 기울여 열심히 들어주고 내 노래도 한번 구성지게 불러보면서 그저 만나면 즐겁고 행복해 좋아서 하하 호호……. 가끔씩 이렇게 황혼길 놀며 걸어가면 안 될까…….

나는 종종 이런 불순(不順)한 희망사항에 잠겨본다. 이런 무사안일 적당주의인 내가 부끄럽지만 말이다. 소싯적 학생 때 이래서 한 번도 일등을 해보지 못했는지도 모르겠다.

로켓

달이 몹시 밝습니다. 달빛이 하도 고와 잠들기가 싫습니다. 창가로 다가가 중천에 떠 있는 둥근 달을 쳐다봅니다. 푸른 잔디 위에 내려앉은 달빛이 내 가슴속까지 흠뻑 젖게 합니다.

'할머니, 할머니.'

나를 부르는 손주의 음성이 아련히 들리는 듯합니다.

"할머니, 할머니. 이거 이거어."

도대체 뭘 말하는지 알 수가 없습니다. 알아듣지 못하는 할미가 야속해 두 손을 가슴에 꼭 붙인 채 울상이 돼가고 있습니다. 할미는 안타까워 가슴만 탑니다.

"자 천천히 말해 봐요."

시선은 마룻바닥에 두고 고개를 푹 숙인 채 마치 철학(?)하는 사람마냥 이리 왔다 저리 갔다 하면서 "음, 음, 으음"만 되풀이 합니다.

그렇게 한참을 맴돌다 도저히 안 되겠는지 이 할미 얼굴을 멀거니 쳐다봅니다. 그런데 그 맑은 눈엔 눈물이 고이고 있었습니다.

나는 깜짝 놀라 손주를 끌어안고 머리를 쓰다듬으면서 말했습니다.

"태영아, 한국말이 생각나지 않아 그래?"

고개를 가만가만 끄덕입니다.

"오, 그랬구나."

그렁그렁 고였던 눈물이 닭똥처럼 뚝뚝 떨어집니다.

몇 달 전만 해도 내가 말을 알아듣지 못하면 짜증을 내고 투정을 부렸는데 그 사이 할미의 잘못이 아니라 한국말을 잘못하고 있다는 걸 스스로 깨달은 것 같습니다.

기가 꺾인 듯 기운이 없어 보이고 조용히 눈물만 흘리는 손주, 차마 볼 수가 없습니다. 가슴이 너무 아픕니다. 두 돌이 지나고 학교를 다니기 시작해 2년이 되면서 이렇게 한 마디, 두 마디 말문이 닫혀지고 있는 것입니다.

"자 우리 노래할까?"

나는 손주의 손을 맞잡고 빙빙 돌면서 노래를 부르기 시작합니다.

"떴다 떴다 비행기 날아라 날아라. 멀리 멀리 날아라 우리 비행기…"

어느 순간 손주는 열심히 노래를 따라 부르기 시작합니다. 나는 속으로 옳지옳지 둥개둥개 장단을 칩니다. 그런데 갑자기 노래를 뚝 멈춥니다.

"할머니, 할머니."

다급하게 나를 부릅니다. 그러고는 내 손을 잡더니 이층 계단을 오릅니다. 나는 무슨 영문인지도 모른 채 그저 손주의 기분이 풀어진 게 고맙고 신나고 좋아서 덩달아 깡충깡충 뛰어 계단을 오릅니다. 방으로 들더니 문을 쾅쾅 닫고 커튼까지 내립니다. 갑자기 방 안은 컴컴해졌습니다.

"할머니, 이거 이거어."

또 이거 이거만 연발합니다.

"으응 뭘까?"

차차 어둠에 눈이 익자 푸른빛이 번쩍거립니다. 자세히 보니 로켓이 둥근 달을 향해 멋지게 하늘로 올라가고 있습니다. 손주의 가슴에서….

'야광 T셔츠?'

"와! 로켓이구나. 멋있다."

나는 큰소리로 환호성을 터뜨리고 그만 침대에 벌렁 자빠져 기절을 하고 말았습니다. 내 손주는 아기였을 때부터 할미랑 장난을 치다 할미가 벌렁 기절을 하면 얼마나 좋아하는지 깔깔거립니다. 그래서 나는 손주랑 놀 때면 자주 기절을 하는 것입니다. 손주 웃음소리는 나도 기쁘기 때문입니다.

"와아! 로켓 멋있다. 너무너무 좋다. 우리 태영이가 이 멋진 로켓을 할머니에게 보여주려고 이층 방으로 왔구나!"

내 팔을 잡아 일으켜 세우면서 고개를 까딱까딱 자랑스럽게 웃습니다.

"고마워라. 내 강아지. 사랑해요 많이많이. 하늘만큼 땅만큼!"

"태영아! 할머니는 지금 너무 행복해서 눈물이 나오려고 하네!"

내 눈시울은 아까부터 젖어 있었습니다. 나는 사랑하는 손주를 업고 컴컴한 방 안을 빙빙 돕니다. 들썩들썩 엉덩이춤까지 춥니다.

손주는 할미 등에 업힌 채

"로켓 발사! 발사, 퓽……."

두 팔을 높이 들고 외치고 또 외칩니다.

할미랑 손주는 이 멋진 로켓을 타고 달나라를 향해 힘차게 오릅니다. 참으로 행복한 우주여행입니다. 그런데 왜 눈물이 흐르는지 모르겠습니다.

비가 예뻐

"엄마, 비가 오잖아요."

손주를 업고 나서는 나를 보고 또 딸이 한마디 한다.

"그래, 비가 오시는구나."

"비가 오는데 왜 또 밖에 나가요?"

"비 가 오 니 께 나 간 다 고."

또박또박 천천히 알아듣게 말하는데도 또 "엄마아!" 부른다.

그러거나 말거나 신을 신고 나선다.

커다란 우산 위로 뚜두둑 뚝뚝 떨어지는 빗소리에 손주와 할미는 귀를 기울입니다. 손주는 신기한 듯 고개를 들어 쳐다봅니다. 그런 손주가 하도 예뻐서 할미 목은 자라목이 됩니다. 한 손에 우산을 들고, 한 손으로는 흘러내리는 손주 엉덩이 받히느라 끙끙대면서도 얼마나 즐거운지 내 입은 연신 닫혀지질 않습니다. 이 감미로운 행복!

내 손녀가 켜는 바이올린 소리에 귀를 기울이듯 나는 대자연의 향연에 흠뻑 적어 아름다운 시간을 손주와 함께 즐기는 것입니다.

빗줄기가 세차집니다. 어쩔 수 없이 철수(?)를 합니다. 할미와 손주는 차고(garage) 문을 열어 놓은 채 신문지 두어 장 깔고 차분하게 앉습니다. 쏟아지는 빗줄기를 바라봅니다. 내 무릎 위에 앉아 있는 손주도 꼼짝을 않습니다. 나는 고개 돌려 손주를 봅니다. 그 천진(天眞)스런 맑고 고운 눈동자, 그 머루알 같은 까만 눈동자 속에서도 비가 내리고 있습니다.

그래 그렇게 보는 거다. 이 세상 아름다운 것 많이많이 보거라. 아름다운 저 자연의 악기소리도 많이많이 듣거라…….

이것저것 장난감에 싫증났는지 지하실(놀이방) 내려가 축구하자고 조릅니다. 그때입니다. 갑자기 빗줄기가 드세 지더니 장대같이 쏟아지기 시작합니다. 창밖 마당에 쏟아지는 강한 빗줄기는 드디어 장관을 이룹니다.

"태영아, 태영아!"

나는 손주를 급하게 불러대고 손을 잡아 창가로 다가섭니다.

"저기 저것 좀 봐라! 동글동글 은방울들이 보이지? 떴다가 꺼졌다가 또 떴다 꺼졌다 하네! …와 신기하지?"

바라봅니다. 꼼짝을 하지 않고 서 있습니다. 나는 방해될까 봐 나도 곁에 서서 꼼짝 않고 같이 바라봅니다. 서서히 빗줄기가 약해집니다. 그 신비스런 은방울들도 모습을 감춥니다.

"우리 지하실 가서 축구할까?"

이상합니다. 대답을 하지 않습니다. 그 좋아하는 축구를 하자 하는데 아무 말이 없습니다. 그러더니 천천히 한 발짝 한 발짝 걷습니다. 계단에 앉습니다. 앉은 채 엉덩이로 뭉기적뭉기적 한 계단 한 계단 내려갑니다. 할미도 조심스럽게 계단에 앉아 같이 엉기적거리면서 내려갑니다. 나는 가만히 손주 손을 잡았습니다. 그때 손주가 "할머니" 하고 조용히 부릅니다.

"오야, 그래 그래 왜에?"

"할머니 비가 예뻐, 비가 예뻐서."

나는 가슴이 콩콩 뛰었습니다.

'와아, 성공이로다. 대성공!'

드디어 내 사랑하는 손주가 비가 아름답다는 것을 알게 되었도다. 마치 독립만세라도 부르듯 두 팔 높이 쳐들었다가 내립니다. 나는 손주를 꼬옥 껴안았습니다.

"그래. 비가 참 예쁘지? 할머니도 비가 얼마나 예쁜지 몰라. 비는 요술쟁이인가 봐, 그지? 예쁜 은방울도 만들고……."

고개를 끄덕입니다.

"태영아, 세상에는 예쁜 것 참 많지? 비도 예쁘고 나무도 예쁘고 꽃도 달도 구름도 하얀 눈도……."

고개를 가만히 들어 할미를 쳐다보면서 웃어줍니다.

참으로 행복한 날입니다.

비가 오네 비가 오네

비가 내립니다. 바람 한 점 없이 조용히 내립니다.

나는 비가 내리면 왜 이렇게 마음이 편안해지는지 모르겠습니다. 그리고 걷고 싶습니다. '레인코트' 깃 멋지게 세우고 똑깍똑깍 힘차게 걷는 아름답고 젊은 여인의 발자국 소리 내어 걷고 싶습니다.

소리 없이 내립니다. 나는 창밖 바라보며 생각에 잠깁니다. 지나가버린 날들은 참으로 아름답습니다. 아름다움을 그리워하는 이 시간도 언젠가는 내 아름다운 추억으로 나는 행복할 수 있을 것입니다.

"비가 오네. 비가 오네."

이층에서 어느 사이 내려왔는지 준영이가 무심히 던진 이 한마디에 나는 꿈결에서 깨어난 듯 소파에서 벌떡 일어났습니다. 비 내리는 창밖을 하염없이 바라보며 서 있는 내 셋째 손녀 준영이! 그 고운 시선!

한국말이 좀 서툴러 좀처럼 입을 열지 않는 아이가 '비가 오네 비가 오네' 이 아름다운 노래를 어떻게 갑자기 부를 수가 있었는지 알 수가 없습니다.

'그래 비가 오는구나! 나무들이 많이 좋아하겠지?'

할머니는 펄펄 날리는 눈꽃도 좋지만 비도 참 좋아한단다. 비만 오면 걷고 또 걷고 싶거든…….

비가 오는데 왜 걷고 싶냐는 듯 살짝 쳐다봅니다. 그리고 웃습니다. 그 미소가 참으로 아름답습니다. 나는 손녀 손을 꼭 잡고 비 내리는 창밖에 시선을 둡니다. 문을 살짝만 열어놓고 빗소리도 듣습니다.

성품이 조용하고 침착한 내 사랑하는 손녀 준영이!

언니랑 사이좋고, 부모에겐 효녀, 자기 일 알아 척척, 믿음직한 노력형, 피아노도 잘 치고, 용모는 천상 백합화, 바라볼 때마다 은은한 향기가 피어올라 이 할미를 아주 행복하게 해줍니다.

아기 때 봐주지 못한 한이 할미 가슴에 남아 있어 안쓰럽고 미안해 준영이를 볼 때마다 수십 배 사랑으로 꼬옥 꼭 꼭 껴안아줍니다. 사랑한다 사랑한다 하늘만큼 땅만큼…….

우리 말 한마디라도 그 예쁜 가슴에 담아주고 싶어 내 체신 따윈 아랑곳하지 않습니다. 지지배배 지지배배 종달새 할미가 됩니다.

오르락내리락 계단이 힘들 때면 쪼르르 다람쥐 되어 할미 심부름 도맡아 해주는 내 손녀. 나들이라도 하는 날이면 이 할미를 얼마나 잘 챙겨주는지 모릅니다. 할미 발걸음 더뎌 뒤처질라치면 자꾸 고개 돌려 확인합니다. 안 되겠으면 총총 뛰어와 내 손 잡아끕니다.

"할머니! 빨리빨리 가아!"

참으로 고맙고 사랑스러운 손녀입니다.

고요한 용모와 달리 운동은 또 얼마나 씩씩하게 잘하는지 모릅니다. '슛 골인!' 날리면 이 할미는 아낌없이 힘찬 박수를 보내곤 합니다. 제비처럼 날렵한 그 맵시 참으로 아름답고 자랑스럽습니다. 몸도 마음도 감성도 아름답게 잘 조화 이루어 건강하게 소녀의 길로 들어선 준영!

“비가 오네, 비가 오네”

사랑하는 내 손녀 준영이가 불러준 이 아름다운 노래.

비 오실 때마다 나는 손녀 손을 잡고 노래하고 또 노래 함께 부릅니다. 머언 훗날 준영이가 어느 날 문득문득 할미랑 비 내리는 창밖을 바라보며 ‘비가 오네 비가 오네’ 노랫소리 기억나 아련한 추억이 되어 조그마한 감동에 행복해하고 삶의 매 순간들을 사랑할 수 있는 위안이 될 수만 있다면. 소망해 보는 날입니다.

'노벨문학상' 재목(材木)이로다

'세영 하늘 달 만진다'

이 아름다운 문장은 돌 지난 내 둘째 손녀 세영이가 어느 달 밝은 밤에 엄마 품에 안겨 하늘을 한참 쳐다보다가 혼자 중얼거린 말이다.

엄마는 깜짝 놀라

"어떻게 만질까."

"비행기."

하늘 높이 떠 있는 아름답고 신비스런 그 달이 얼마나 만져보고 싶었을까. 비행기 타고 하늘 높이 올라가 만져보고 싶다는 아가의 꿈과 소망, 수화기를 든 채 나는 한참동안 말을 잊었다.

"당신 뭘 그렇게 생각해?"

나는 대답도 시큰둥, 감동으로 벅찬 가슴을 진정시킬 시간에 필요했다. 육 개월 연장 신청해 일 년 키워주고 바로 귀국해 얼마 되지 않는 어느 날이었다. 아직 말문이 열리지 않아 '엄마 엄마'만 부르던 아기가 그런 놀라운 말을 어떻게 할 수가 있었는지.

태평양 건너 온 동네방네 한참동안 소문 자자했다. 손녀의 일상을 전화로 들으면서 나는 새록새록 솟아나는 손녀 사랑에 달빛만 밝았다 하면 딸의 얼굴이 달빛에 흐려지곤 했다.

왜 이렇게 떨어져 머얼리 살아야 하나 싶어 사위가 원망스럽고 야속할 때가 많았다. 너무 멀리 데리고 가버렸기 때문이다. 나는 가끔 1시간 거리인 일본이 미국이었으면 얼마나 좋을까. 어린애 같은 꿈도 꾸곤 했다.

그러고 2년 후 우린 만났다. 외할머니와 손녀는 반갑고 반가워 얼싸안고 좋아라 했다. 틈틈이 사진을 보여주고 전화로 목소리 듣게 하고 각별한 에미의 교육(?) 덕분에 사랑하는 내 손녀는 할미를 잊지 않고 있었다.

자박자박 걸어 넘어질 듯 넘어질 듯 두 팔 벌리고 울며불며 할미 따라오려던 그 아기가 훌쩍 자라 예쁜 처자(?)가 되어 내 가슴에 안긴 것이다.

우린 민속촌에 나들이를 갔다. 맛난 빈대떡도 사먹고 시큼털털한 동동주도 맛보았다. 기와집 들러 양반다리 꼬고 앉아 '에헴!'도 해보고 흥부네 박 넝쿨 올라앉은 초가집, 마구간도 구경했다. 놀이동산에서 깔깔거리기도 하면서 얼마나 즐거워하는지 내 손녀는 노상 웃느라 입을 다물지 못했다.

외줄타기 공연은 내 손녀 넋을 빼앗아 들고 있던 아이스케키가 그만 줄줄 다 녹아버려 울상이 돼버렸다. 할아버지, 손녀 사랑 얼마나 큰지 훌쩍 일어나 뛰듯 잰걸음으로 아이스케키를 사와 손녀 손에 쥐어주니 손녀도 웃고 나도 웃고 엄마 아빠 모두 웃었다. 그중 할아버지가 제일 많이 웃었다.

하루를 재미있게 보내고 해가 서산에 걸쳐 저녁 어스름이 짙어지자 다시 한 번 더 오자고 하면서 우린 주차장을 향해 걸었다.

그때 9살쯤 되어 보이는 사내아이가 손녀 곁으로 오더니 귀여워 어쩔 줄 몰라 한다.
"예쁘다, 예쁘다."
머리를 쓰다듬는다.
"여동생 없니?"
"예, 저 혼자예요."
"몇 살이지?"
"열 살입니다."
말씨가 또렷또렷하다. 총명해 보인다. 엄마가 빨리 오라고 재촉하자 아쉬운 듯 뒤돌아 뛰면서 자꾸 고개 돌려 본다. 손을 계속 흔들어 준다. 우리도 열심히 손을 흔들어 주고 차에 올랐다.
나는 옆자리에 앉은 손녀 손을 꼬옥 잡고
"오늘 재미있었어요?"라고 물으니
"으응."
"아까 오빠가 예쁘다 예쁘다 할 때 세영이 기분이 어땠어요."
"마음이 간지러웠어요."
참으로 놀라운 대답이다. 기분이 좋았다든지 아니면 그냥 조용히 미소만 지을 줄 알았는데 마음이 간지러웠다니.
그 섬세한 감성, 놀라운 표현력, 나는 말로 표현할 수 없는 감동에 말문이 막히고 말았다. 어느 대문장가도 3살 아이 때 이런 놀라운 감정 표현을 할 수가 있겠는가.
"우리 민속촌에 또 오자."
고개를 끄덕인다.
"아까 그 오빠 또 만나면 좋겠지?"
아무런 대답이 없다. 뒤로 뒤로 흐르는 창밖 풍경만 바라본다. 나도 손녀와 똑같이 창밖에 흐르는 풍경만 바라본다.

"엄마, 내가 혼자 달리다 넘어져서 다쳤어."

유모차 잘못 밀어 난처해진 이모를 위한 배려, 이제 겨우 3살인데……. 어지간한 어른 못잖게 그 작은 가슴에 어떻게 그런 너그러운 배려심이 생길 수가 있을까. 옛 어른들의 말씀 '될 성싶은 나무는 떡잎부터 알 수 있다'란 말이 문득 생각나면서 가슴 저리도록 손녀가 사랑스러워진다.

끝없이 이어지는 손녀 사랑에 눈을 지그시 감고 얼마나 대견하고 자랑스러운지 달리는 차 속에서 내내 손을 놓질 않았다. 그리고 나는 큰 꿈을 그렸다. 그 섬세한 감수성, 놀라운 표현력, 따뜻한 사랑과 이해심, 더 이상 뭘 바라겠는가.

오라! 내 사랑하는 손녀여!

내 손녀야말로 '노벨문학상' 재목(材木)이로다.

나는 힘 있게 손을 다시 한 번 꼭꼭 잡아주었다.

진도(珍島)

나는 왜 오늘 진도에 대한 글이 쓰고 싶을까. 진도에 대한 많은 그림을 왜 그리고 싶은지. 그리운 고향이지만 살아생전 다시는 가볼 수 없다는 서글픈 체념 때문에 가슴 저려서일까. 오늘따라 유독 짙은 향수에 젖어듭니다.

보배 진(珍) 섬 도(島). 보배로운 섬 진도.

진도는 참으로 아름답습니다. 이름만큼이나 풍요로운 섬입니다. 천혜의 청정해역에서 생산되는 풍부한 해산물들……. 일 년 농사 지어 5년을 먹을 수 있다는 기름진 땅. 인심 후해 살기 좋고, 정 많은 그곳 사람들의 멋들어진 정서는 오가는 타지 분들 가슴 속까지 흔들어 나그네의 고달픈 발길을 잠시 쉬어 가게도 합니다.

백제 때부터 구한말까지 유배가 계속된 곳. 그 유배 문화와 섬 고유의 문화가 접목되어 진도 특유의 문화와 예술이 승화되었고, 그들의 한의 응어리는 멋으로 풀어 삭혀 노래가 되고 춤이 되고 그림이 될 수 있었습니다.

진도아리랑, 무형문화재 진도 씻김굿, 이 고장 민속 강강술래, 고요히 흐르는 푸른 달빛 아래서 손에 손을 잡고 나풀나풀 가벼운 듯 멋진 춤과 장중한 발자국 소리는 화합과 질서의 예술이 됩니다. 의병 전술을 일러주는 슬픈 노래와 춤입니다.

소치, 미산, 남농 화백의 대를 이어 많은 화가들이 활동하고 있어 말 그대로 골골마다 예향의 향기가 가득합니다. 들과 산, 어디를 가나 두서너 명만 모였다 하면 구성진 노래 가락이 들립니다. 냇가 빨래터를 가든 우물가를 가든 모를 심으면서도 밭을 매면서도 노래를 부릅니다. 나는 고향 하면 떠오르는 것이 노래와 춤입니다. 참으로 멋진 정서입니다.

진도 옥주골, 문화유산이 되었습니다. 얼마나 아름다우면 옥주라 했을까. 그 밭두렁 논두렁은 예술입니다. 음력 2, 3월이 되면 모세의 기적이 열립니다. 보름과 그믐에 걸쳐 서너 차례씩 길 양쪽으로 갈라지는 이곳은 진도군 회동리와 의신면에 있는 모도 섬 사이에 폭이 2.8m의 바닷길이 열리는 곳입니다. 또한 깨끗함이 극치에 달한다는 관매도 해수욕장은 전국에서 가장 넓은 면적을 자랑하기도 합니다. 진도의 금강이라고 불리어지는 금골산은 수만 년을 걸쳐 예술품을 조각해 놓았고, 황색·백색·흙색·회색 등으로 이루어진 석수들의 아름다운 빛깔과 모양새는 도저히 표현할 길이 없습니다.

어린 마음에도 커다란 울림이 되어 이 나이 되도록 잊지 못하고 있는 과욕은 금물이란 3암의 전설. 동굴 바위틈에서 한 공기 분량의 쌀이 날마다 나와 수행하던 어떤 스님이 밥을 지어먹다 보니 감질나 쌀 좀 왕창 나오게 해달라고 기도를 하자 그 다음부터는 다시는 쌀이 나오지 않았다 합니다.

1984년 10월 18일. 아치형의 로프로 진도대교(허공다리)를 놓아 이제 진도는 육지가 되었습니다. 한걸음에 폴짝 뛸 수 있을 것만 같은 이 바다는 해남 학동리 끝과 진도 녹진 끝 사이에 폭이 295m밖에 되지 않는 바로 울돌목입니다. 대형 기선도 거슬러 올라갈 수 없을 만큼 물살이 셉니다. 임진왜란 때 이순신 장군이 12척 배로 300여 척의 왜적을 물리친 곳. 울돌이란 말만 들어도 일본 아이들은 울다가도 울음을 뚝 그쳤다고 합니다. 물살이 빙빙 도는 울돌목이 내려다보이는 벽파진 절경. 조선시대 문장가 학정 신규의 시를 여기에 옮겨 봅니다.

동방의 명승지 이 정자는
바위로 터전 삼고 바다로 뜰 삼았네
햇빛을 가린 낭떠러지에 눈 쌓일까 두려워하고
하나님께 배척당한 파도는 별을 삼키려 하는가

이곳에 군민의 성금으로 노산 이은상 시인이 비문을 짓고 진도 출신 소전 손재형 명필 글씨로 이순신 전첩비가 세워졌습니다. 대마도를 굽어보는 방향에 큰 돌거북이 등에 세워져 정신적 표상으로 두고두고 후손의 길잡이가 되고 있습니다. 공의 큰 뜻을 다시 한 번 가슴 깊이 새기고자 여기에 장문의 비문을 적습니다.

벽파진 푸른 바다여 너는 영광스런 역사를 가졌도다 민족의 성웅 충무공의 가장 외롭고 어려운 고비에 고작 빛나고 우뚝한 공을 세우신 곳이 여기더니라 옥에서 풀려나와 삼도 수군통제사의 무거운 짐을 다시 지고서 병든 몸을 이끌고 남은 배 12척을 겨우 거두어 일찍 군수로 임명되었던 진도땅 벽파진에 이르니 때는 공(公)이 53세 되던 정유년 8월 29일 이때 조정에서는 공에게 육전을 명령했으나 공은 이에 대답하되 신에게 상기도 12척의 전선이 남아 있삽고 또 신이 죽지 않았으매 적 우리를 업수이 여기지 못하리이다

하고 그대로 여기 이 바다목을 지키셨나니 예서 머무신 16일 동안 사흘은 비내리고 나흘은 바람불고 맏아들 회(薈)와 함께 배 위에 앉아 눈물도 지우셨고 9월초 7월엔 적선 13척이 들어옴을 물리쳤으며 초9일에도 적선 2척이 감보도(甘浦島)까지 들어와 우리를 엿살피다가 쫓겨갔는데 공은 다시 생각한 바 있어 15일에 우수영으로 진(津)을 옮기자 바로 그 다음날 큰싸움이 터져 12척 적은 배로써 330척의 적선을 모조리 무찌르니 어허 통쾌할 만고에 깊이 빛날 명량대첩이여 그날 진도 백성들은 모두 달려 나와 군사들에게 옷과 양식을 나누었으며 이천귀 김수생 김성진 하수평 박헌 박희령 박후령과 그의 아들 인복 또 양응지와 그의 조카 계원 그리고 조탁 조응량과 그의 아들 명신 등 많은 의사들은 목숨까지 바치어 천추에 호국신이 되었었나니 이는 이는 진실로 진도민의 자랑이도다 이 고장 민속 강강술래 구슬픈 춤과 노래는 의병 전술을 일러 주는 양 가슴마다 눈물 어리고 녹진 명양(鳴洋) 두 언덕 철쇄 걸었던 깊은 자욱엔 옛 어른들의 전설이 고였거니와 이제 다시 이곳 동포들이 공의 은공과 정기를 영세에 드높이고자 벽파진두에 한 덩이 돌을 세움에 부쳐 나는 삼가 꿇어 엎디어 대강 그때 사적을 적고 이어 오래를 붙이노니 열 두척 남은 배를 걷우어 거느리고 벽파진 찾아 들어 바닷목을 지키실제 그 심정 아는 이 없어 눈물 혼자 지우시다 삼백 척 적의 배를 산 같이 깔렸더니 울돌목 센 물길에 거품같이 다 거지고 북소리 울리는 속에 저 님 우뚝 서 계시다 거룩한 님의 은공이 어디다 비기오리 피흘린 의사혼백 어느 적에 살아지리 이 바다 지나는 이들 이마 숙이옵소서

단기 4289년 8월 29일

2014년 4월 16일. 한 많은 진도 땅에 세월호 대참사, 잊지 못할 비

극의 한이 또 새겨진 날입니다. 300여 명의 고귀한 생명들의 희생. 유가족들의 비통한 절규. 온 나라는 방향을 잃은 채 흔들리고 동포들의 애도의 물결은 끝없이 이어졌습니다. 그 무서운 암흑과 공포 속에서 처절하게 울부짖는 꽃다운 생명들이 내 딸이려니, 손주려니 생각해볼 때마다 가슴 미어지고 아팠습니다. 세월호와 함께 진도라는 섬이 바다 밑으로 서서히 가라앉는 악몽에 시달리기도 했습니다. 천재지변은 어쩔 수 없다 하더라도 인재라는 책임은 우리 모두 함께 피해갈 수 없는 산맥이라는 생각을 하게 됩니다.

사랑하는 자식의 시신을 안고 팽목항을 떠나는 유가족의 비통한 한마디. '내 이 지긋지긋한 <진도> 땅에 다시는 발을 붙이는가 봐라!'

얼마나 고통스러웠고 한이 맺혔으면……. 무슨 말로 그 심정을 표현할 수 있겠는가. TV 뉴스를 통해 진도 진도, 팽목항 팽목항, 글씨만 봐도 나는 죄인처럼 가슴이 천근만근 무거워졌습니다.

꿈 많던 소녀시절, 아름답고 즐거운 추억이 서린 팽목항이 이제 유가족들의 피 맺혀 한 서린 곳이 되어버렸습니다.

한 많은 진도 땅. 많은 한, 아름답게 승화시켜 꽃 피웠듯이 세월호의 비극, 이 한 또한 아름답게 승화시켜 발길 돌린 유가족의 멍든 가슴과 피 맺혀 꽁꽁 얼어붙은 영혼까지도 포근하게 녹여 망자(亡者)는 위로되고 산 자는 힘을 얻어 '강강술래 강강술래' 이 아름답고 슬픈 노래 함께 부를 수 있으리라 두 손 모아 봅니다…….

※ 이 글 쓰는 데 많은 도움을 준 한국에 있는 사랑하는 내 동생 영실이에게 고마운 마음 보낸다. 진도아리랑 상·하권, 소설을 읽으면서 참 즐거웠고 참고가 되었다(진도란 글씨만 봐도 반가웠다).

보이는 것과 보이지 않는 것

'삼일만 볼 수 있다면'

헬렌 켈러의 이 절실한 한마디는 세월을 많이 살아온 사람이지만 숙연해지지 않을 수 없다. 아름다운 이 세상 두 눈으로 바라볼 수 있다는 것, 참으로 감사할 일이다. 그러나 보이는 것이라 해도 누구에게나 다 보여지는 것이 아니리라.

내 심미안 열림의 각도에 따라 만물은 얼마든지 변할 수 있기 때문이다. 그래서 아는 만큼 보인다. 보이는 것이 다가 아니다란 말이 있는 게 아닐까. 세월을 많이 흘려보내고서야 '보이는 것은 허상이요. 보이지 않는 곳에 실상은 존재한다'는 것을 알게 되니, 그래서 나이는 거저먹는 게 아니란 말이 있기도 하나보다.

보이지 않는 것들의 힘, 그 힘의 질서로 세상은 돌고 있고, 사람 또한 자연의 일부라 보이지 않는 마음, 현재의식과 무의식이 인품을 만들어 일생의 행・불행을 좌우하는 게 아닌가싶다.

'귀신을 속여라 귀신을 속여. 느그도 늙어보면 아느니라'

옛 어른들의 투정 섞인 이 말이 어제련듯 귓가에 쟁쟁거린다. 내 나이 들고 보니 내가 하고 싶은 말이 됐다. 그래서 공자도 나이 예순이 되니 귀에 거슬리는 말이 없다. 육십이순(六十耳順)이라고 말씀하신

게 아닐까. 노년에 들어선 모든 사람들은 신비주의자다라고 한 것도 같은 맥락의 많은 것을 함의한 말일 것이다.

인생은 참으로 신비하다. 젊어서처럼 보이는 것만 볼 수밖에 없다면 살아있는 생명체에 대한 이 경이로움을 어찌 알 수 있을 것이며, 소외되고 허약해진 노년의 삶은 또 얼마나 행복해질 수 있으니 말이다.

거슬리는 말도 볼품없고 쓸모없는 하찮은 돌멩이도, 한 가슴 속에 품어 안을 수 있는 넓은 마음의 뜰, 모든 일상사에 대한 집착을 다 버려 텅 빈 가슴으로 주어진 여건에 감사하며 조용히 살아갈 수 있는 이 노년의 삶. 과연 나는 충분히 누리며 살고 있는지. 가끔 회의에 잠길 때가 있다. 내 인품 부족해 늘 말만 앞세워 살아가고 있는 것 같아 씁쓸한 뒷맛이 돈다. 나는 내 상한 자존심 회복시키려 버럭 소리칠 때도 있었고, 환히 보이는데 희다고 하는 젊은이가 마뜩잖아 홱 토라져 버리는 어린애 같은 내 행동, 가만있질 못하는 내 고약한 성미는 또 어떤가. 필요 없는 일 통통 저질러 도움은커녕 거추장스럽게 수선만 떨어대니 말이다.

어디 그뿐이랴. 홀로 설 수 없으면서 홀로 서고 싶다고 고집 부려 하나에서 열까지 자식 짐 지우니 더 말해 무엇 하리. 마음만 젊어 팔팔하게 살아있는 쓸데없는 자존감. 얼마나 부끄럽고 어리석은 일인가. 그러나 긴 세월, 여기저기 살피느라 하늘(?)같은 내 맘 구름 따라 다 흘려버리고 이제 실낱같이 남아있는 초승달. 나는 안쓰럽고 안쓰러워 때때로 엉뚱하고 생뚱맞은 노래를 자주 불러본다.

'아끼고 싶어라 아끼고 싶어라 내 맘 가는대로 살고지고 살고지고…….'

그래서 나는 오늘도 내일도 내 맘 가는대로 바늘에 실 따르듯. 이

한 몸 낮이나 밤이나 함께 하고 함께하리라. 나는 어린애 같은 내 행동도 절대로 반성하지 않는다.

"하나님께서 천국에 가고 싶으면 어린아이 되라"고 말씀하셨기에 '나 천국에 가고 싶어 어린애 됐다'라고 하면서 되레 큰 소리로 느그들은 "늙으면 어린애 된다는 말도 모르냐?"고 야단을 친다.

'사실은 보이지 않는' 내 맘 속으로만……. 이렇게 내 맘이 가는대로 나는 열심히 움직인다. 주말이면 기다렸다는 듯이 이른 아침부터 서둔다. 노동(못 말리는 정리벽, 잔디 잡초 뽑기, 꽃 돌보기, 농사밭 가꾸기, 갈퀴로 쓱쓱 낙엽 긁어모아 담기)을 만나 즐기는 것이다. 철따라 상황(큰딸네, 작은딸네, 내 홀로 집)따라 요리조리 옮겨 다니면서…….

몸살 걱정하는 자식들, 그 맘은 고맙지만 몸살이 대수랴. 노동(?)은 상쾌하고 달콤한 기쁨을 준다. 훨훨 날 듯 가벼워지는 심신, 바람 잔 날 태우는 낙엽 연기처럼, 나른하게 가라앉으려 했다가도 강력한 생활의 의욕이 되살아나니 말이다.

어디 그뿐인가. 산들산들 미풍에도 대동강 수양버들처럼 요리조리 흔들리는 요 내 마음을. 잔잔한 호수처럼 가라앉히고 쓸데없는 망상들을 멀리멀리 날려버리기도 하니 말이다. 내 손 끝에 닿는, 내 눈 안에 열리는 모든 것들에 집중할 수 있고 그래서 물아(物我)의 경지(?)에 들어 이렇듯 희열에 잠길 수 있는 이 큰 축복…….

가끔 나는 이 아름다운 세상 나 홀로 향유하고 있는 착각에 빠지곤 한다. 내 마음 가는 곳이 천국이 되는 것이다.

'사람이 자기 하는 일에 즐거워하는 것보다 더 나은 것이 없나니…' 예수님도 이렇게 말씀하였으니 하나님 나 보시기에 얼마나 좋으시겠는가. "지금 이 순간이 내 곁에 있는 모든 것들이, 이 세상에서 가장 소중한 존재"라고 법정스님 또한 말씀하시지 않았는가.

"눈앞에 있는 이것이야말로 세상에서 가장 큰 즐거움이다"라고 다산어록에 기록되어 있는 걸 보더라도 내가 즐겨 살아가는 나날들이 과히 허물 많고 그른 것 같지는 않은데…….

나 어머님 고집(나 홀로 집, 못 말리는 노동) 이해 못했고, 그 깊은 마음 '보이지 않았듯'이 내 자식들 또한 내 고집(홀로 집, 노동) 이해 안 될 것이며, 이 에미 맘 아직은 '보이지 않으리라.'

이해 안 되고 '보이지 않는 것' 볼 수 없어도 좋으니 자식들만은 제발 황혼녘에 들지 말고, 건강하게 잘 살았으면 참 좋겠다. 머리 희끗거리는 자식을 바라보아야 하는 부모 심정, 백세 장수시대라고? 글쎄… 사람은 누구나 '보이지 않는' 죽음이 두렵고 오래오래 살고 싶은 것이 인지상정(人之常情)이리라.

허나 인명(人命)은 재천(在天)이라 자연으로 돌아가야만 하는 머나먼 여정 길……. 어디 내 뜻대로 여기까지 흘러 왔겠는가. 남은 여생 또한 '보이지 않는' 우주의 질서, 신의 섭리, 대자연의 순리에 맡길 수밖에…….

박 순 애의 시

원유(苑囿) 박순애 약력

- 1933년 경북 출생
- 부산 동래여고 졸업
- 2012년 해외문학 신인상
- 2014년 워싱턴창작문학회 회원

■ 시

나무 한 그루

모진 바람 불어오는 이민의 대지
가슴 조이며
아픔 견디는
나는 한 그루 외로운 나무

눈이 있어도 볼 수 없고
발이 있어도 갈 수 없는
버려진 듯 외로운 이민의 삶

마셔도 마셔도
목마른 빈 항아리
영롱한 눈망울 함초롬이 머금은 이슬
애타는 영혼의 갈증
촉촉이 적셔주는 생명수 그리워
오늘도 당신의 사랑의 샘가에
외롭게 피는
나무 한 그루

밤의 기도

되돌아 올 수 없는 이 한밤, 오로지
주님과 대화할 수 있는 보배로운 시간,
하루의 끝자락에서 눈물의 기도로써 예배한다

나만의 골방은 베델의 전단이자 기도의
샘터요 그분이 임재하시는 영원한 안식처다

마음의 커튼을 내리고 엎드려 빌 때
나지막한 음성 내 귀를 쓰다듬고, 아울러
따스한 눈빛 내 가슴에 젖어든다

씻겨지고 다듬어진 자유롭고 가벼운
날개로 님 향해 힘차게 날아오르는
나의 행로 감사할 뿐이다

내 존재 속에 잉태한 외로움이 목말라
외오라지 그분이 주실 생수를 목마르게 간구(懇求)하며

은혜의 생수가 내 가슴에 넘칠 때
동면(冬眠)하던 참 믿음이 활짝 깨어나
완성(完成)된 생명의 꽃으로 피어나리라

버리고 온 내 고향

파란 들판, 이름다운 내 고향
어느덧 찬바람이 살갗을 스치니
시나브로 그리워진다

누런 곡식들이 떠난 자리
흰서리가 자리 잡고
실업자가 되어버린 허수아비
지는 해만 애처로이 바라보고

이글거리며 타오르던 햇빛도
숨을 죽이고 쉬는데
남의 속 아랑곳 하지 않는 둥근
달만 자랑스레 떠오른다

제철 만난 홍엽의 낙엽들
홍에 겨워 가을 노래 부른다
덩달아 홍이 난 들국화
제멋에 겨워 춤추고

세월은 물레방아 돌듯 무심히
돌아가고 심심한 소쩍새가
덩달아 노래하면 이내 마음
괜시리 슬퍼지네

희로애락 교차하는 인생살이
슬퍼한들 무엇하리 양기 마시고
어허라, 둥둥 춤추며 살리라

늙은 문동(文童)들의 합창

서산에 지는
노을빛 아름다워라
붉게 물든 황혼의 들녘에
한 무리 사슴 떼

구절양장 험한 이민생활에 구불다가
시니어센터에서 만난 문동들
돋보기 너머 아른아른
손끝에 침 발라 책장 넘기며
몽당연필 박아 쓰며 시를 쓴다

인생은 안개 같은 존재
한낮이 지나면 밤이 오는 법
오는 삶 늙지 말고
멋지게 글을 쓰며 노래하며
즐겁게 남은인생 길동무 되어

밤이면 별빛 같이
낮이면 햇빛 같이

사랑하며 이해하며
용서하며 높여주며

황혼의 들녘에선
한 무리 문동
감사의 메아리로
즐겁게 노래하리 늙은 문동이들

추억

지난날 삶의 자락들
세월의 바람에 밀려
황혼으로 들에 서네

즐거움과 괴로움
슬픔과 고뇌
모두 지나간 꿈이어라

자식의 쇠사슬
부부의 쇠사슬
살림의 쇠사슬에서 풀려나니
자유의 속박이 그립다

영원히
돌아오지 못할 면모들의 그리움이
가슴에 저린다

시나브로
산수(傘壽)의 언덕에 앉아
젊은 날의 아련한 꿈
눈시울을 적시네

겹겹이 쌓은
색 바랜
낡은 일기장의 슬픈 황혼 인생

새벽 기도

영혼의 갈증으로
밤새도록 방황했다

여명의 커튼을 걷어 올리는 순간
구원의 햇살이
지친 내 영혼에 부딪친다
위로의 주님
사랑의 손을 펴고
새로운 힘과 기쁨 넘치는
하루를 지켜주신다고

오늘도
목자의 지팡이 따라
영혼의 푸른 초장으로
날 인도하여 주소서

빛 되신 말씀과
찬송과 기도로
내 영혼 살지게 하옵소서

가족 생각

가정은 보금자리

휘영청 밝은 달
은하수 반짝이는 별빛 아래
낡은 평상에
도리도리 둘러앉아
밤하늘 별을 세며 즐거웠던 옛날

개똥벌레 숲속을 밝히며
모닥불 속에
햇감자 콩 줄기 햇밤 구우며
할머니 옛이야기에 밤 깊어가고
부모형제 정으로 울타리 쌓고
사랑으로 오순도순 행복했던 날

어쩌다
이역만리 이민의 낯선 삶
인생의 낙엽 뒹굴고
눈 내리는 광야에 홀로 선 외로움
빛바랜 흑백사진 속에
옛날의 그리움 찾아
외로움 달랜다

좁은 길

무지갯빛 찬란한
문명의 숲속을
삶의 향기 찾아 헤매는 철새의 몸부림

어둠이 깔리는 들판
허영의 봇짐 싸안고
뒤뚱거리며 달려온 여정

바람에 날려 보낸
허망한 세월의 넓은 길
천길 만길 편한 길 헤맸어도
영혼이 지친 허무의 길

이제
남은 한 길
주님이 가라하신 좁은 길
생명이 안식할 영원의 길
영혼의 향기 가득한 좁은 길
내가 가야 할 천국 길

인내심

"인내는 쓰나
그 열매는 달다"

인내는 삶의 지혜다
인내하는 자는 부유하고
인내하는 자가 승리한다

임신한 여인이 열 달 기다림 같이
가뭄에 비를 기다리는 농부처럼
강태공의 곧은 낚시처럼

세상만사
시와 때가 있는 법
참고 기다림이 인내인 것
빨리빨리 서둘지 말고
지혜롭게 쓴 열매를 거두자

석 은 옥의 산문

석은옥 약력

- 1942년 서울 출생
- 1960년 서울사대부고 졸업
- 1972년 숙명여대 교육학고 졸업
- 1972년 미국 이주
- 1967년 미국 펜실베니아주 재활청 시각장애 교사 연수
- 1968년 미국 인디아나주 Purdue 대학 대학원 석사(교육학)
- 1979년 인디아나주 Gary시 교육청 시각장애 교수로 28년 봉직
- 1990년 『어두움을 비추는 환상의 촛불』 강영우 박사와 공저
- 2005년 『나는 그대의 지팡이, 그대는 나의 등대』
- 2006년 아름다운 여인들의 모임 창립, 회장 취임
- 2011년 『Happy Life』 출간
- 2014년 창작문학회 입회
- 2014년 올네이션스 교회 한글학교 교장 취임

■ 산문

새해 새 소망을 품고

소망을 품고 사는 사람은 절대 포기하지 않는다.

오래전 미국에 사는 10살의 한 소녀가 워싱턴의 백악관을 지나가면서 아버지에게 이렇게 말했다.

"아빠 내가 지금 백악관 안에 들어가지 못하고 바깥에서만 구경할 수 있는 것은 나의 까만 피부 때문이래요. 그러나 두고 보세요. 저는 반드시 저 안에 들어가고 말 거예요."

그리고 25년이 지난 후 그녀의 꿈은 곧 현실이 되었다. 바로 그 소녀는 1989년 조지 부시 대통령 당시 국가안보 특별보좌관이 되었고 그 후 국무부 장관을 지낸 콘돌리자 라이스이다. 소망의 사람은 절대 포기하지 않는다. 마음속에 소망이 남아 있는 한 반드시 성공의 그날이 찾아 올 것이다.

소망은 어떤 일을 간절히 바라고 또 그 바라는 목적을 실천하는 행위에 의하여 성취되는 보람과 기쁨을 얻는다. 소망을 가진 사람은 더 밝은 미래를 향해 나아갈 방향과 분명한 삶의 목적을 세우는 활력소를 생산하여 어떤 상황에서도 어느 누구에게라도 충분한 생명과 가능성을 갖다 준다.

"믿고 바라는 것은 이뤄진다(If you believe, All things are possible)"는 성경말씀은 우리 일상생활에 큰 용기를 주고 격려가 된다.

지난해는 청마 해라고 열심히 뛰었는데 금년에는 좀 천천히 꼼꼼히 챙겨가면서 힘들어도 포기하지 말고 외롭고 어려운 일을 당한 여인들과 장애인들에게 좋은 친구로 쓰임 받기를 소망한다.

말띠 해

며칠 전 전종준 변호사의 글「말처럼 함께 뛰는 새해」를 읽고 새해에 만 72세 생일을 맞이하는 나의 띠 해라는 것에 새로운 감회에 젖어 본다. 어린 시절 한국에서는 여자가 말띠면 팔자가 세다는 말을 들은 기억이 있지만 나는 일찍이 기독교인이 되어 '하나님을 사랑하는 자 그의 뜻대로 부르심을 입은 자는 모든 것이 협력하여 선을 이루어 주신다'는 말씀을 믿고 살아왔다.

1967년 펜실베니아주 재활청 초청으로 1년간 시각장애인 재활교육을 받을 때 미국 여러 기관 가는 곳마다 역사박물관에 들어서면 미국 초대 대통령인 조지 워싱턴, 링컨 대통령 그리고 유명한 장군들이 모두 용맹스럽고 충성스런 말 위에 앉아 있는 모습을 보면서 미국에서는 말을 아주 자랑스러운 동물로 여긴다는 것에 나도 모르게 말띠로 태어난 것에 자긍심을 느꼈다. 이후 말 사진만 보면 반가워진다.

그리고 '나도 말처럼 용맹스럽게 누군가를 내 등에 태워 그의 목적지에 달려가 주리라'라고 생각하고 살아온 남편(고 강영우 박사)과의 지난 50년의 삶은 하나님의 은혜 중에 행복한 순간들이었다. 행복은 주관적인 것이다. 내가 받은 은혜를 헤아려 감사하게 되면 행복의 씨앗이 자라나게 된다고 믿는다.

꿈을 꾸는 사람은 아름답다. 내가 좋아하는 틱낫한의 '마음에는 평화 얼굴에는 미소'를 소개하면 다음과 같다.

"한 곡의 노래가 순간에 활기를 불어넣을 수 있다. 한 자루의 촛불이 어둠을 몰아낼 수 있고, 한 번의 웃음이 우울함을 날려 보낼 수 있다. 한 가지 희망이 당신의 정신을 새롭게 하고, 한 번의 손길이 당신의 마음을 보여줄 수 있다. 한 개의 별이 바다에서 배를 인도할 수 있다. 한 번의 악수가 영혼에 기운을 줄 수 있다. 한 사람의 삶이 세상에 차이를 가져다준다."

우리 모두 밝아오는 새해, 행복을 찾은 누군가를 위해 내 등을 내주며 이웃과 더불어 행복한 2014년을 기쁘고 보람 있는 순간들로 가득 채웠으면 좋겠다. 이제 남은 세월 말처럼 내 도움을 필요로 하는 곳에 눈길을 주고 최선을 다하며 살아갈 것을 다짐해본다.

2월이 오면

새해 첫 달 1월 달력을 넘기며 2월을 맞으면서 '벌써 한 달이 지났구나'라는 생각이 든다. 금년에 세운 새 계획들이 잘 진행되고 있는지를 다시 점검, 확인해 가면서 남은 시간을 더욱 알차게 기쁨과 보람이 가득 찬 매일 매일의 일기장을 채우리라 다짐해 본다.

2월에는 훌륭한 분들의 생일이 많이 있는데 그중 12일은 링컨 대통령, 22일은 워싱턴 대통령 그리고 17일은 모든 대통령을 기념하는 프레지던츠 데이(President's Day)이다. 또 2월 14일 발렌타인스 데이는 성자 발렌타인의 생일로 우리 모두에게 행복과 사랑을 전하는 특별한 날이다.

42년 전 신혼부부로 남편의 유학이 시작된 펜실베니아주 피츠버그 대학원에 와서 첫 크리스마스를 보냈는데 얼마 지나자 가게마다 하트 모양을 장식한 물건들이 진열되어 있는 것을 보고 왠지 마음이 설레고 흥분됐다. 당시 내 생각으로는 미국이 기독교 국가이니 예수님의 가르침 "네 이웃을 내 몸과 같이 사랑하라"는 사랑 실천 운동 캠페인의 하나인가 라고 생각했다. 그런데 나중에 알고 보니 수도사 발렌타인이 외롭고 어려운 이웃들에게 격려와 사랑의 서신을 보낸 것이 로마 황제에게 오해를 받게 돼 감옥에 몇 년간 투옥된 후 수백 년이 지나 그분의 숭고한 정신이 인류의 가슴속에 되살아나 성자 성품을 받고 오늘날 발렌타인 생일을 전 세계인들이 기억해주고 그 뜻을 되새기는 소중한 날이라는 걸 알게 됐다.

나 개인에게도 2월은 특별한 날들이 들어 있다. 남편이 연세대를 졸업한 지 5일 후인 1972년 2월 26일, 한 남자를 만난 지 11년 만에 그의 아내가 되는 결혼식을 올렸다. 종로의 기독회관 2층에서 윤태림 박사님의 주례, 안과주치의 구본술 박사님과 대한적십자사 서영훈 총재님의 축사에 이어 이화여대 예멜 합창단의 특송이 있었는데 좀 색다른 결혼이라고 소문이 나 한국일보 주간지에 '11년간의 아가페 사랑, 연상의 여인 맹인 수재와 결혼'이라고 대서특필되기도 했다.

이후 만 40년간 행복한 가정을 이뤘고 꿈을 성취하면서 은혜의 세월을 살아왔다. 그런데 또 다른 2월 23일은 그림자처럼 일심동체가 되어 살아온 부부의 인연을 마치고 그가 혼자 하늘나라로 떠나 이제 2주기를 기념하는 슬픈 날이다. 그러나 남편이 남긴 유고작 "내 눈에는 희망만 보였다"를 되새기면서 우리 한인 2세들에게 오늘의 도전은 내일의 영광이 된다는 그분의 정신을 전하고 싶다.

지난 1994년 한국 MBC에서 특집극으로 제작, 대상을 받은 영어자막이 들어있는 드라마「눈먼 새의 노래」(안재욱, 김혜수 출연)를 오는 2월 23일 오후 5시 올네이션스 교회에서 무료로 방영할 예정이다.

내게 2월은 많은 의미를 부여하는 달이 되었다. 새해에 두 번째 맞이하는 달, 나머지 11개월의 계획들이 잘 진행되어 유종의 미를 거둘 수 있도록 청마와 함께 힘차게 뛰어 보리라.

나눔이 주는 기쁨

한 통의 전화를 대학 후배로부터 받았다.

“선배님, 7년 전 우리 4가족이 미국으로 이민 올 때 초등학생이었던 두 아들이 언어장벽으로 학교생활에 적응을 잘 못할 것이 걱정되어 수학, 과학, 영어지도책, 어린이 동화, 그리고 부모를 위한 교육지도서 등 2천여 권이 되는 책들을 소중하게 이민 짐 속에 싸들고 왔습니다. 이제 큰아들은 대학교 2학년이 되었고 막내는 고교 졸업반이 되어 착하게 잘 자라 주었습니다. 이제 한시름 놓게 돼 이번 여름방학 동안에 집 안을 정리하면서 책들로 가득 찬 벽을 보면서 누군가 우리와 같이 새 이민자로 미국에 와서 성공적인 자녀 양육을 원하는 부모들에게 도움이 됐으면 해서 모아두었던 책들을 나눠 주고 싶습니다.”

나는 그 후배 집으로 달려가 책들을 보았다. 아주 귀한 책들이 집 안을 가득 채우고 있었다. 이 책을 한두 사람들에게 주는 것보다는 어머니들의 자녀 교육을 위한 작은 도서관을 만들어 지속적으로 여러 사람들에게 대여해 주면 좋겠다는 데에 의견을 모으고 내가 출석하는 올네이션스 교회 도서실에 기증하기로 결정했다.

엘리베이터도 없는 3층에서 파킹장까지 1천여 권의 책을 나르면서도 연신 밝은 미소를 지으며 귀중한 책들을 누군가에게 시집보내는 엄마 같은 그녀의 모습을 바라보면서 나도 덩달아 기뻤다.

오는 9월부터는 교회 내에 '어머니 도서실'을 마련하고 원하는 분들은 누구든지 매주 목요일, 일요일 오후 2~3시에 책들을 빌려갈 수 있으며 한 달에 한 번은 어머니들이 함께 토의하는 시간도 가질 예정이다.

우리는 더 많은 것을 소유함에 행복을 느끼기보다는 나눔에서 오는 기쁨을 안다. 인생이란 가진 것만큼 행복한 것이 아니라 베푼 만큼 행복해진다는 평범한 진리를 안다.

성경에 "먼저 주라, 그러면 하나님께서 몇 배가 넘치도록 갚아주신다"고 했다. 그 풍성한 축복을 위해 아름다운 여인들의 모임의 실천사항 중에는 밝은 미소로 먼저 인사하기, 아름다운 언어 사용하기, 남을 돕는 즐거움 찾기, 외로운 분들에게 전화 또는 이메일로 안부 전하기 등이 있다.

나눔에는 여러 형태가 있는데 물질, 시간, 관심, 우정, 사랑, 헌신 요즘은 재능 기부라고 하여 자신이 가진 은사를 통해 이웃에게 기쁨을 주는 행위, 더 나아가 아름다운 동행도 생겼다.

나로 인해 내가 가진 것을 이웃과 나누어 주겠다는 인생의 목적을 세운 사람은 그 가슴 속에 벅찬 기쁨과 행복이 넘쳐흐르게 된다. 더욱 넓은 마음으로 서로 도와가면서 조금만 더 넉넉한 인심으로 주위를 돌아볼 수 있는 여유로운 마음을 가진다면 이 무더운 여름도 우리 가슴은 행복 바이러스로 가득 차고 넘칠 것이다.

5월의 향기

5월이 되니 온 세상이 아름다운 향기로 가득하다. 각양각색 수천의 꽃들이 저마다의 독특한 향기와 모습으로 사람의 마음속 깊이 스며들어 감동을 준다. 모두들 삽을 들고 정원에 꽃을 다듬고 정리하는 그 손길이 참 아름답다. 어쩌면 꽃들의 형상이 이렇게 고울까! 그 신기한 모양들을 한참 동안 바라보다가 전지전능하신 하나님, 우주 만물을 창조하시고 기뻐하시며 우리 인간들이 즐기고 서로 사랑하고 행복하게 사는 모습을 보기 원하신 그분의 귀한 선물임에 새삼 감격하며 찬양을 올린다.

5월을 계절의 여왕이라고 부른다. 인간이 활동하기에 가장 적합한 기후, 메말랐던 가지마다 새싹들이 파릇파릇 돋아나고 꽃향기가 진동하니 모두들 가슴을 펴고 가벼운 옷차림을 하고 어디론가 달려보고 싶은 충동을 느끼게 된다. 새 봄, 새 희망, 새 출발을 꿈꾸며 전진하고 싶어 한다. 그래서인지 5월에는 어린이날, 석가탄신일, 어버이날, 입양의 날, 어머니 날 등 기념일이 많다. 스승의 날과 세계 가정의 날, 발명의 날, 성년의 날, 세계인의 날, 부부의 날, 메모리얼 데이, 바다의 날도 들어 있다.

이렇게 좋은 5월에 생명을 얻어 세상에 출생한 나의 날도 있으니 5

월이 더욱 반갑고 감사하다. 더하여 53년 전 5월 셋째 주일에 나의 남편 고 강영우 박사를 만난 날이 있기도 하다. 이 모든 날이 나의 삶에 중요한 의미를 부여하고 있어 그 추억을 되살려보면 행복해진다.

누군가 젊은이는 꿈을 먹고 살고, 시니어는 아름다웠던 추억을 회상하면서 산다고 했다. 이제라도 더 늦기 전에 아름다운 사랑의 향기를 내 이웃에게 전해 주어 영원히 변치 않는 하나님의 사랑이 널리 퍼져 더욱 아름다운 세상이 되기를 간절히 기도한다.

"사랑의 문은 세상을 아름답게 보는 사람에게 열립니다/희망의 문은 오늘도 성실히 사는 사람에게 열립니다/기쁨의 문은 감사가 있는 사람에게 열립니다/지혜의 문은 좋은 것을 생각하는 사람에게 열립니다/만족의 문은 욕심을 버리는 사람에게 열립니다/함께 더불어 살아가는 삶의 아름다움을 알게 하소서……."

나의 아버지

'아버지'를 불러본 지도 꽤 오래 전 일이 됐다. 1967년에 작고하셨으니 37년간 아버지를 불러보지 못했지만 내 마음 속에는 늘 아버지의 사랑이 흐르고 그 은혜를 잊을 수 없다.

오는 15일 아버지날을 앞두고 두 아들과 남편의 묘지에 참배하러 가려니 내 친정아버지에 대한 그리움이 더하다. 인정이 많으시고 자상하셨던 아버지가 읽어주셨던 흥부놀부, 심청전 이야기는 지금도 그때 아버지 무릎에 앉았던 온기를 느끼게 한다.

늘 착하게 살면 복을 받는다고, 어려운 이웃을 도와주셨던 아버지는 6·25 이후 걸인들이 집 문 앞에 오면 잡수시던 밥을 떼어 나보고 갖다 주라며 사랑 실천을 가르치셨다.

군산고등학교 훈육주임으로 계실 때 어려운 학생들에게 학비를 대주셨고 점심을 못 싸온 학생들을 위해 어머니에게 부탁하여 도시락을 내게 배달시키셨던 기억들, 중학생이 되어 교복을 입고 등교하려는 내게 작은 손지갑에 100원을 넣어 주시면서 꼭 필요할 때 쓰는 지참금이라고 말씀하셨던 기억들이 생생하다.

아버지는 이북 평양에서 1915년 6남매 중 장남으로 출생하셨고 대지주의 아들로 자라면서 운동을 잘해 청소년시절 대동강에서 다이빙을 한 분(석도명)으로 널리 알려졌다고 들었다.

그 후 일본에 가서 체육전문대학을 다니셨으며 30여 년을 한국에서 체육교사를 하셨고 기계체조 기구 개발에도 힘쓰셨다.

내가 맹인 학생을 돕는다고 하니 시각장애인들이 할 수 있는 널뛰기 기구를 고안해보시겠다고 하셨던 아버지. 나는 아버지를 닮아 운동을 좋아했고 무용도 했으며 아버지를 따라 학생 시합이 열릴 때면 열심히 응원했던 기억도 새롭다.

지난주에는 이 지역 10세 소녀들로 구성된 소프트볼 게임에 갔었다. 큰손녀딸이 피처로 활약하여 8 : 2로 승리하는 게임을 응원하고 상을 타는 모습을 보면서 갑자기 아버지 모습이 떠올라 가슴이 울컥했다. 유전은 못 속인다고 큰아들은 할아버지를 닮아 운동을 좋아해 주말이면 3남매를 야구, 농구, 축구 등 각종 운동을 시키고 있다.

아버지는 가정의 머리이고 어머니는 가슴이라 한다. 아버지의 사랑과 롤 모델의 삶은 어린 자녀들에게 평생 잊지 못할 교훈과 지침이 된다. 고(故) 강영우 박사가 아들에게 읽어 주었던 "어둠 속에 읽어준 아버지의 이야기"는 큰아들이 하버드대 입학 서류에 제출하여 합격된 유명한 에세이다. 자녀 양육 시간은 힘들고 바쁘고 빠르게 지나간다.

그러나 지나가는 순간순간의 체험과 훈련을 통해 올바른 사람으로 성장되어 가는 과정에 아버지의 역할이 아주 중요함을 생각하면서 성경말씀 "자식들은 여호와의 기업이요 태의 열매는 그의 상금이로다"를 묵상한다.

특히 젊은 아버지들은 자녀들과 함께 더욱 의미 있고 행복한 시간을 보내면서 평생 잊지 못할 기억을 남겨주어 훗날 "나의 아버지를 가장 존경합니다"라는 칭송을 받게 되기를 기원한다.

아름다운 세상을 만든 사람들

우리가 사는 워싱턴 지역에는 많은 명물들이 있다. 대표적인 것으로 탁월한 지도자였던 대통령의 기념관이 있고, 국가를 위해, 세계 평화를 위해 목숨을 바친 군인들의 전쟁 기념관이 있으며, 미국 역사에 남은 박물관, 기록 전시관 등이 있어 매년 전 세계에서 몰려오는 관광객이 170만 명이 넘는다고 한다.

그런데 작년에 또 하나의 명물이 생겼다. 'The Extra Mile Pathway'가 그것으로 자원봉사를 하다 역사에 길이 남을 업적을 남긴 훌륭한 섬김의 지도자를 기념하는 거리다. 총 70명을 기념하게 될 것인데 작년 10월 15일에 우선 20명의 기념 동판이 백악관 근처 15가와 펜실베니아 애비뉴에 새겨졌다.

'The Extra Mile'이란 이름은 성경에 "5리를 가자면 10리를 가주라, 겉옷을 달라면 속옷까지 주어라"고 한 사랑 실천의 말에서 인용된 것이라고 한다. 이 거리를 만든 목적은 자원봉사 정신을 고취시키고, 미국 젊은이들에게 긍정적인 역할 모델을 더 가까이 보고 그 정신을 배우도록 하며, 후세들에게 이들의 지도력과 박애정신의 숭고한 이념에 감명을 주고자 함이다. 대표적인 몇 분을 소개한다.

Edgar J. Helms 목사(Goodwill Industries 창시자)는 100여 년 전

보스턴에서 감리교 목사로 있으면서 어려운 이웃을 돕기 위해 교인들에게 헌 물건을 가져 오라고 해 이를 나눠주기 시작했다. 그러던 중 많은 사람들이 열심히 일해서 사람대우를 받을 수 있는 직업을 갖고 싶어 했다. 여기서 고용창출이란 생각을 하게 돼 산더미처럼 쌓인 헌 물건을 분류하고 수선해 필요한 사람들에게 파는 Resale Store를 열게 되고, 일하고 싶은 사람들을 훈련시켜 고용했다. 현재 미 전국에 183개 지부와 1,700개 Resale Store가 있으며 지금은 장애인, 저학력자, 그리고 새 이민자에게 직능평가 및 훈련을 시켜 고용창출을 돕고 있다. 지난 한 세기 500만 명에게 직업을 준 기관이 되었다.

Clara Barton 여사(American Red Cross 창시자)는 남북전쟁 당시 병참학자이자 간호사로 인도주의자였다. 전쟁 희생자들을 위기상황에서 잘 대처하도록 돕다가 미국 적십자사를 창립했고 현재 미국에 8개 지역센터와 2,200개 지방본부를 가진 큰 기구가 되었다. 적십자사는 인종, 국적, 종교를 초월하여 이웃의 아픔에 동참하는 아름다운 일을 하고 있다. 국가의 한 기관이 되었고 전 세계에 재난 대책과 희생자들을 돕고 수혈 프로그램 등 많은 일을 하고 있다.

Paul Harries 변호사(Rotary Club 창시자)는 1905년 세계 최초 봉사기관인 로터리 클럽을 시카고에서 시작, 각종 전문직 종사자들이 모여 전문직을 통해 인류애를 바탕으로 교육, 과학, 문화교류를 하면서 서로 다른 문화를 이해하고 희망을 주며 발전하도록 돕고 있다. 세계에서 제일 큰 장학재단 The Rotary Foundation은 매년 8억 달러의 장학금을 Rotary International을 통해 전 세계에 주고 있다. 소아마비 근절을 위한 polio plus program을 위해 10억 달러의 재정을 모아 제3세계 저개발 국가 어린이들에게 접종하고 있다.

행복은 인간 모두가 추구하는 가치이다. 그런데 참 행복은 내가 가진 것을 남과 나눌 때 기쁘고 나를 더욱 행복하게 만들어준다. 행복은 내가 창조해나갈 수 있으며 그 기쁨은 바깥에서 들어오는 것이 아니라 내 안에서 감사가 있을 때 안에서 그 행복이 바깥으로 나오는 것이라고 믿는다.

우리는 미국 이민자로 살고 있지만 우리들의 후손들은 Korean American의 자긍심을 가지고 남을 먼저 배려하는 섬김의 봉사정신을 배워 후일에는 The Extra Mile Pathway에 이름이 새겨지길 바란다.

참 좋은 친구

참 좋은 친구 하나만 있으면 아무리 험한 인생이라도 이 세상은 살 만하다. "누군가 널 위하여 오늘도 기도하네"라는 찬송은 어려움에 지친 사람에게 뿐만이 아니라 우리 모두에게 격려가 되고 힘이 나게 하고 행복하게 해준다.

미국에서는 친구(Friend)라는 단어가 아주 광범위하게 사용된다. 동성끼리, 남녀 간에, 부부 간에, 선후배 간에, 직장동료 간에 심지어는 부모자식 간에도 친구같이 마음을 털어놓고 대화를 나눌 수 있을 때, we are good friend라고 표현도 한다. 성경이나 찬송가에도 예수님은 우리의 좋은 친구라고 표현했다. 그만큼 친구는 모든 이들의 가슴속에 깊이 중요한 자리를 차지하고 있다.

자신을 진실로 사랑해주고 격려하며, 언제나 믿고 의지하고 끝없는 대화를 통해 변함없는 사랑을 주고받으며 함께 성장하고, 늘 보고 싶고 대화를 나눌 수 있는 그런 친구를 가진 사람은 축복 받은 사람이다. 그리고 그런 친구를 가진 사람은 인생에서 성공할 확률이 매우 높다.

나는 무남독녀 외딸로 출생하여 어린 시절 부모의 사랑을 독차지하고 자라서 집안의 모든 것이 내 것이라 형제들과 싸울 일이 없이 조용히 지내는 것을 보시고, 선생님이셨던 아버지께서 그리고 그곳에서 다른 아이들을 사랑하고 다투지 말고 양보하고 협동하며 좋은 친구를 사귀고 착한 사람이 되어야 한다고 말씀하셨다.

그 후 성장하여 교육학을 전공하면서 배운 것은 인간의 성장 발달 과정에서 가장 중요한 시기는 유아기이며 출생하여 5세 이전까지 지력, 심력, 체력 교육의 50% 이상이 개발 발달되며 특히 심력에 속한 인성 교육, 가치관 교육, 신앙 교육도 이 시기에 가장 큰 영향을 받는다는 학술 연구가 나와 있다. 한국에서 "세살 버릇이 여든까지 간다" 또는 5세 이전에 신앙 교육을 잘 시키면 평생 그 신앙을 지킨다는 연구결과는 우리 삶에서 잘 보여지고 있다.

이러한 배경이 뒷받침이 되어 일찍이 나는 좋은 친구들을 많이 사귀려고 노력했다. 그러기 위해서는 내가 먼저 좋은 이웃이 되어야 한다고 배웠다. 많은 사람들을 만나면 각기 자란 배경에 따라 개성이 있고 장·단점이 보인다. 그러면 우선 그 사람의 장점을 인정해주고 격려해주면 서로 마음이 통하게 된다. 그러는 중에 생각이 같고 가치관이 같으면 더욱 친하게 되고 순수한 우정을 나누면서 영원히 참 좋은 친구가 되어 간다.

때로는 참 좋은 친구를 우연히 만나게 되어 영원히 잊지 못할 넘치는 사랑을 받을 때가 있다. 이럴 때 세상 말로는 "운이 좋았다, 횡재했네"라고 말하기도 하고, 기독교인은 하나님의 축복이라고 감사해 한다. "Friends are gifts sent from Heaven Above."라는 글이 박힌 액자 속에 고등학교 친구와 같이 수원성에 갔다가 대장금의 의상을 입고 찍은 사진을 걸어 놓고 매일 보며 행복한 미소를 짓곤 한다. 학창시절에는 별로 친하지 않았지만 사회 활동을 하다 다시 만나 지난 이야기를 나누는 중 서로 코드가 아주 잘 맞는 것을 발견하고, 사막에서 오아시스를 찾은 것처럼 기뻤다. 동갑나이인 그 친구와 나는 10대 소녀처럼 마음을 활짝 열고 노년의 꿈을 나누며 함께 이웃 사랑 실천을 부지런히 하자고 다짐했다. 한국과 미국 사이의 태평양이 멀지 않게 느껴져 한국을 자주 가는 이유는 참 좋은 그 친구가 있기 때문이다.

나는 참 다양한 좋은 친구가 많아서 외롭지 않고 행복해서 부자라고 말하면 “당신은 인덕이 많아요”라고 말한다.

그러니 얼마나 감사합니까!

좋은 친구가 되기 위해서는 다음 글을 추천하고 싶다.

먼저 손을 내미세요. 그러면 마음까지 따뜻해집니다. 참 좋은 친구와 함께 가면 갈 길이 아무리 멀어도 갈 수 있습니다. 상대방의 입장이 되어 이해해주고 격려하면 닫혔던 문이 열립니다. 예수님이 가르쳐 주신 말씀 “네 이웃을 내 몸같이 사랑하라” 그러면 참 좋은 친구를 얻게 됩니다. “씨는 뿌린 대로 거둔다”는 격언을 실천하여 참 좋은 친구를 더 많이 만나는 축복의 행운을 기원해 보자…….

나이 들어가는 기쁨, 그리고 나의 기도

나이 들면서 가족과 이웃들에게 고마운 마음을 일구고 함께 미소 지으며 살아갈 수 있다는 것은 정말 기쁘고 다행한 일이다. 어쩌다 이런 행운과 함께 늙고 있는지, 그저 감사할 따름이다. 이제는 어느 집단에서나 작은 밀알이 되어 행복하고 따뜻한 세상을 만드는데 조금이나마 동참하고 싶다. 베푸는 삶이 복된 것임을 깨닫고 받는 축복, 누리는 축복보다 더 값진 베푸는 축복을 실천하며 살고 싶다.

앞으로 더 나이가 들면서 이전보다 한층 깊은 기쁨과 설렘의 골짜기에 들 수 있기를 간절히 기도한다. 늙었지만 젊고, 나이가 많지만 싱싱한 영혼으로 현재를 살며, 미래를 깨우는 일에 정성을 바치면서 끝없이 삶을 열어갔으면 좋겠다. 그런 소망을 담아 오늘도 정성을 다하는 하루가 되기를 기도한다.

언젠가 이런 내용의 글을 읽은 적이 있다.

"살면서 가장 행복한 사람은 사랑을 다 주고도 더 주지 못해서 늘 안타까운 마음을 가진 사람입니다. 살면서 가장 축복받은 사람은 베풂을 미덕으로 여기며 순간의 손해가 될지라도 감수할 줄 아는 사람입니다. 살면서 가장 마음이 넉넉한 사람은 욕심을 부릴 줄 모르고 비움이 곧 차오름을 아는 사람입니다. 살면서 가장 존경받는 사람은 덕을 베풀고 남을 먼저 생각하는 사람입니다. 살면서 가장 보람을 느끼는 사람은 일에 대한 보상과 이득을 따지지 않는 사고를 가진 사람입니다. 살면서 가장 용기 있는 사람은 자기 잘못을 뉘우치고 남의 잘못을 용서할 줄 아는 사람입니다. 살면서 가장 지혜로운 사람은 진정한 사랑의 의미를 깨닫고 실천하는 사람입니다. 살면서 가장 가슴이 따뜻하고 예쁜 사람은 차 한 잔을 마시면서도 감사의 마음을 가진 사람입니다. 살면서 가장 아름다운 사람은 세상을 욕심 없이 바라보는 마음의 눈과 맑은 샘물처럼 깨끗하고 아랫목처럼 따뜻한 가슴을 지닌 사람입니다."

행복의 핵심은 보람이다. 보람은 무엇인가 가치 있는 것, 의미 있는 일을 성취했을 때 느끼는 흐뭇한 정신적 만족감이라고 했다. 늙는다는 것이 기쁨일 수 있다는 사실은 참 다행스럽다. 덧없음의 눈물만 흘리거나 남을 원망하면서 삶에 대한 허무감에 젖지 않고 지금의 나를 있게 한, 성스러운 존재에 감사하며 미소 지을 수 있다는 것은 정말로 기쁜 일이다.

정직하게 내 삶을 돌아보면 부끄럼 없이는 떠올리지 못하는 일도 많고 후회되는 일도 많다. 그런 과거에도 불구하고 현재 기쁘게 살고 있고, 남은 미래가 설렘으로 다가온다는 것에 참으로 감사한다.

그렇다고 늘 기쁜 것은 아니다. 해탈하지 않는 한 인간은 완벽하게 기쁠 수만은 없는 존재다. 그러나 인생의 큰 흐름이 기쁨과 설렘이라면 얼마간의 슬픔이나 우울 따위는 그 흐름 속에 쉽게 녹아 없어진다고 생각한다.

내가 자주 불렀던 찬송가의 가사처럼, 주님은 내가 마음이 괴롭고 아파서 낙심할 때에 소망을 주셨고, 세상 풍조가 나날이 갈리어도 내 믿음을 지키며 사는 인생이 덧없지 않도록 하셨다. 내가 가진 꿈이 참 되도록 항상 은혜로 지켜 주셨다.

그래서 오늘도 기도한다. 완벽한 기쁨에 대한 기도가 아니라, 여전히 문제가 생기면 지혜를 구하고, 두려움 앞에 그분의 강한 힘을 얻으려 기도한다. 항상 끊이지 않고 감사기도를 한다. 나의 작은 꿈이 그분의 일을 이루시는 데 작은 밀알로 쓰일 수 있다면, 그것으로 충분히 행복하다. 아니, 이미 충분하고도 넘치는 은혜로 다른 사람이 이룰 수 없는 많은 행복과 꿈을 이루었고, 남은 생을 설렘으로 기대하며 기다린다. 그래서 오늘도 내 기도는 결코 쉼이 없다.

나에게 고귀한 인간 생명을 주시는 순간부터 오늘에 이르기까지
내 생애에 역사하신 하나님께
내 마음 깊은 곳에서 우러나오는 뜨거운 감사를 드리나이다.
남은 생도 하나님 뜻대로 인도해주시어
값진 삶을 살게 해주소서.
세상에 사는 동안 나에게 주어진 사명을 모두 수행하고
하나님께서 부르시는 그날
기쁘고 감사하는 마음으로 이 세상을 떠나게 하여 주시옵소서.

나는 누구인가

내가 어린 시절 학교에 입학 원서를 제출할 때면 내가 누구인가를 적어야 했는데 맨 첫줄에 본적이라고 즉 아버지의 출생지, 이름 그리고 본인의 이름을 적었던 기억이 난다. 나를 알리기 위해서는 나는 누구의 딸이라는 것을 먼저 밝혀야 했다.

지금 미국에서 내 신분을 나타내는 이력서를 제출하려면 내 이름이 먼저이고 생년월일, 주민증번호, 내가 태어난 곳, 국적, 신앙 심지어는 머리, 눈 색깔 등의 내용을 요구하는 곳도 있다.

요즘 나는 누구인가를 소개받을 때 꼭 따라 붙은 것이 "고 강영우 박사의 아내 석은옥 여사"다. 즉 나의 지난 삶에 51년을 함께 했던 남편과의 과정이 그만큼 중요한 자리를 차지하고 있다는 것이다. 옛말에 "호랑이는 가죽을 남기고 사람은 이름을 남긴다" 했는데… 과연 나는 무엇을 남기고 가야 하나님 보시기에 착하고 충성된 종아 내 잔치에 들어오라고 초청해 주실까? 하루하루가 귀하고 소중하다. 이런 나에게 오는 9월 새 학기부터 출석하는 교회의 한국학교 교장으로 헌신해보라는 요청을 받고 당황하면서 아직도 내가 새로운 것에 도전해 볼 능력이 있는가라는 생각이 들었다.

"나는 누구인가, 나는 한국계 미국인(I am Korean American)"이라는 대답을 미국 친구들에게 대답하곤 했는데 그 정체성을 우리 후손들에게 확고히 심어주는 일은 참으로 귀한 일이라는 것을 깨닫고 용기를 내어 쓰임 받게 된 것에 감사하며 그 직책을 받아들였다. 먼저 그 직책을 수행하기 위해 여러 참고 문헌을 읽어가면서 나부터 새롭게 정해보아야겠다. 과연 무엇으로 나는 자랑스런 대한민국의 후손이라는 것을 담대히 말할 수 있을까…….

미국에는 다민족이 함께 모여 합중국을 이루어 살면서 미국 헌법을 준수하고 질서를 유지하면서 함께 더불어 공존하고 발전해 가고 있다. 각기 다른 민족의 언어문화 속에 훌륭한 점을 나누고 배우면서 강점을 살려 인간이 살기에 가장 행복한 나라를 건설해 나가야 할 책임이 우리 모두에게 있다.

미국에서 가장 성공한 민족을 유대인으로 꼽는다. 경제, 정계, 학문, 예술 모든 분야에서 두각을 나타내고 있어 그 이유를 연구한 논문들이 많이 나와 있다. 그들에게는 선민사상(하나님의 선택을 받음)이 강하게 뿌리를 내리고 있어 하나님이 우리와 함께 계신다. 그러니 모든 면에서 열심히 노력하여 머리가 되고 꼬리가 되지 말며 하나님께 영광을 돌려드려야 한다고 굳게 믿고 있다는 것이고 그것이 성공요인이 된다는 것이다.

이제 우리 대한민국의 후손들에게 무엇을 자랑하며 긍지를 갖도록 가르쳐야 할까. 많은 것들 중에 생각나는 것이 교실에는 우리 한민족을 건국한 단군의 홍익인간. 즉 널리 인간 세계를 이롭게 하는 정신(extension of human welfare)을 붙여놓고 가르쳐야 한다는 것이다. 이것은 바로 세계평화를 구현하자는 뜻과 상통하는 것이니 참으로 훌륭한 정신이며 우리 모두 실천하도록 전수해야겠다. 또한 한민족은 쉽게 포기하지 않는 끈기와 지구력이 강하고 부지런한 민족이다.

오늘날 우리 한민족은 뛰어난 창의력을 발휘하고 있어 훌륭한 제품들이 세계에서 각광을 받고 있다. 이렇게 발전하기에는 인지능력을 개발하고 연구할 수 있는 우리 글, 한글이 있었기 때문이었다. 세종대왕의 우수한 창의력으로 지극히 과학적이고 합리적이며 쉽게 배울 수 있는 자랑스런 우리 글은 세계문자 역사에서 우수성을 인정받고 있다. 이것을 널리 알리고 가르쳐서 우리 후손들이 더욱 큰 자긍심을 가지고 열심히 공부해서 세계를 평화롭게 건설하는 세계 시민의 주역이 되는 훌륭한 지도자를 배출할 수 있도록 한국학교가 밑거름이 되어야겠다는 것을 새롭게 다짐해본다.

멋진 황혼을 그려보며

이른 새벽 동이 틀 무렵 찬란한 햇살이 창가로 스며드니 벅찬 가슴으로 새 아침을 맞는다.

많은 이들이 고요함을 깨뜨리고 재빨리 움직이는 소리가 들려온다. 생기가 있고 생명력이 느껴지고 활력이 넘치는 하루의 시작이다.

지난 10월 서울시청 앞 프레지던트호텔 26층 창가에서 맞이했던 이른 아침을 기억해 본다.

남산을 바라보니 맑은 하늘을 뚫고 태양은 솟아오르고 있었다. 오늘 내가 이 자리에 서 있기까지는 26,600번이나 넘게 아침이면 해가 뜨고 저녁이면 아름다운 황혼의 저녁노을로 져간 긴 세월, 내 생명을 지켜주신 주님, 인간의 생사화복을 주관하시는 하나님의 섭리가 있음을 재확인하며 먼저 간 남편의 명복을 빌었다.

창 아래 길가에는 어둠을 헤치고 달려가는 차들이 하나둘 많아지면서 각자 어딘가 목적지를 향해 바쁘게 서둘러 가고 있었다. 참 부지런들 하네… 모두들 기쁘고 보람이 가득 찬 행복한 하루가 되기를 기원하고 있자니 문득 30대 젊은 시절에 하루 24시간이 부족하여 이른 새벽부터 운동화만 신고 뛰어다녔던 나의 모습이 떠오른다.

참으로 혼신을 다 바쳐 열정적으로 생존을 위해, 주어진 생명들을 양육하기 위해, 미래를 향한 아득한 그 소망을 이루기 위하여 절대자의 도움에 의지하고 기도하며 살아온 시간들이 이제는 소중한 추억이 되어 주마등처럼 스쳐간다.

요즘은 인생 70을 청년이라고 한다. 100세를 살게 될 거라고 흥분하면서. 18세 소녀의 꿈을 다시 펴보는 설계를 하고 싶단다. 그러나 마음은 청춘이나 육체는 변해가고 있으며 뜨는 해가 있으면 지는 해가 있는 법, 인생에 출생이 있고 죽음도 오는 것이 인간사 섭리일진데. 더 늦기 전에 아름답게 멋진 황혼을 설계해 봄은 어떨까.

"What is Life?, 삶은 무엇인가요?"라는 글 중에

Life is an Opportunity, Benefit from it.
삶은 기회입니다, 기회를 통해 은혜를 받으세요.
Life is a Beautiful, Admire it.
삶은 아름답습니다, 이 아름다움을 누리세요.
Life is Bless, Taste it.
삶은 은총입니다, 그 은총을 맛보세요.
Life is a Duty, Complete it.
삶은 의무입니다., 당신의 의무를 다하세요.
Life is Costly, Care for it.
삶은 값어치가 있습니다, 그러니 소중히 대하세요.
Life is Love, Enjoy it.
삶은 사랑입니다, 그 사랑을 만끽하세요.
Life is Promise, Fulfil it.
삶은 약속입니다, 그 약속을 지키십시오.

Life is a Struggle, Accept it.
삶은 투쟁입니다, 이 투쟁을 받아들이세요.
Life is Adventure, Dare it.
삶은 모험입니다, 대담하십시오.
Life is Luck, Make it.
삶은 행운입니다, 삶을 행운으로 만드세요.
Life is too Precious, Do not destroy it.
삶은 너무나도 소중합니다, 이 삶을 파괴하지 마세요.
Life is Life, Fight for it.
삶은 삶이니, 멋진 삶을 위해 투쟁하세요.

나의 마지막 삶, 황혼의 꿈은 멋진 할머니가 되어 4명의 손자들에게 조부모의 나라 한국을 사랑하게 하고 한인 3세라는 긍지를 가질 수 있도록 더 많이 사랑하고 더 많은 시간을 함께 보내려고 더 가까운 곳으로 이사를 준비하고 있다. 훗날 Our Grandma was a great loving woman이라는 기억을 남기고 싶다.

못 말리는 손자 사랑

첫 손자를 본 할머니가 얼굴에 기쁨이 가득한 홍안이 되어 자리에 앉자마자 사진을 꺼내 좌우 친구들에게 돌리면서 아주 건강히 잘 먹고 잘 자고 잘생겼지, 방긋방긋 웃어, 이 녀석이 나만 보면 좋아서 두 손을 벌리고 안아 달래. 내가 이 재미로 살아 등등 계속 되는 손자 자랑이 끝이 없다.

“할머니들 사이에 손자 자랑하려면 돈 내고 하세요. 그래야 그 이야기를 끝까지 들어줄 테니.”라는 말이 유행이다. 노년이 되면서 새 생명이 내 자손을 통해 후손을 보았다는 그 기쁨. 손자들 하고 놀면 특별한 엔도르핀이 나온다며 힘에 겨운 줄도 모르고 안아주고 업어주고 맛있는 음식 만들어가지고 가고 매일 보고 싶어 또 간단다.

첫 손자를 본 할아버지도 그 기쁨은 할머니 못지않다. 작년에 아여모에서 처음으로 조부모의 사랑 이야기를 공모했을 때 당선작에 뽑힌 김춘식 할아버지의 글 ‘손자는 친구, 손자는 애인, 손자는 왕’ 중에 “나는 생애 최고로 즐겁고 행복한 시간을 보내고 있다. 손자와 같이 있는 시간이 얼마나 행복한지 70 평생에 처음 느껴보는 기분이다. 다들 바보 같은 영감이라고 흉을 보아도 좋다. 나는 행복하니까.”라는 내용이 있다.

백인 조부모들의 손자 사랑도 뒤지지 않는다. 매일 먹는 커피 잔에, 티셔츠에, 가방에 손자들의 얼굴을 새겨 넣고 자랑스럽게 입고 다니며 손자들 사진을 보고 또 보고 한다.

1978년 지미 카터 대통령 때 노동절 다음 주일을 조부모의 날로 정했고, 캐나다에서는 1995년에 9월 둘째 일요일을 조부모의 날로 정하고 가족 구성원에서 조부모의 역할에 중요성과 조부모를 공경해야 한다는 교육을 시키며 특히 초등학교에서는 조부모님들을 초청, 학예회를 열어 즐거운 시간을 마련하기도 한다.

이제 나에게도 3명의 손자가 있는데 다행히 가까이 30분 거리에 살고 있어 얼마나 큰 축복이며 기쁨인지 모른다. 큰손녀는 초등학교 1학년이 되었고 둘째손녀는 2살, 셋째손자는 한 살이다. 나도 다른 할머니 못지않게 극성을 부리면서 열심히 손자들을 보러 간다. 첫 손녀딸이 출생했을 때는 인디애나에 살았는데 며느리의 친정이 인디애나에 있어 한 달간 몸조리를 하러 갔을 때 우리 집에서 3시간 떨어져 있는 곳을 교직에 있을 때라 주말을 끼고 2일은 결근하면서까지 4일을 매주 보러 갔다. 지금 생각하면 어디서 그런 힘이 나왔는지 확실히 특별 엔도르핀이 생산된 것 같다.

요즘은 며느리가 산부인과 의사로 당직을 할 때면 저녁에 가서 9시까지 봐주고 오고 아들 내외가 저녁에 외출할 일이 있다고 부탁하면 빨리 저녁 해놓고 가서 재워주고 밤 11시가 되어서 돌아오기도 한다.

아들 내외는 할머니가 교직에 28년을 재직했으니 자기 아이들을 교육적으로 잘 데리고 논다며 자주 와주기를 은근히 바라는 눈치라 틈만 나면 간다.

주일 오전에는 일찍부터 서둘러 8시에 출발, 아들 내외가 다니는 교회에 두 손녀딸 데리고 9시 반에 주일 성경공부반에 데리고 가는 것이 할머니의 몫이다. 그리고 11시에는 우리 내외가 다니는 워싱턴 중앙장로교회 12시 예배에 참석하기 위해서 부랴부랴 간다. 하나님의 자녀라는 믿음을 심어주는 것이 할머니의 간절한 소원이기에 기꺼이 감당하고 있다.

이제 조부모의 역할도 조금씩 달라져 돌보는 일(caring)에서 발전하여 교육의 3대 영역인 지력, 체력, 심력 중에 가장 중요한 심력을 길러주는데 도움을 주어야겠다. 심력을 풀어쓰면 마음가짐, 가치관, 태도, 신앙, 믿음 교육이 여기에 속한다. 어떤 마음을 가지고 있느냐에 따라 인생에서 성공을 할 수 있고 궁극적으로 이 세상을 다 함께 평화롭게 살 수 있는 아름다운 세상, 지상천국을 건설해 나갈 수 있다고 본다.

이번 돌아오는 9월 12일 미국 조부모의 날을 다시 맞이하면서 우리 한인 조부모님들의 손자 사랑도 더욱 보람 있고 기쁨이 가득한 행복한 날이 되시기를 빈다.

성장발달에 맞는 신앙교육

나는 무엇보다 아이들이 신실한 신앙생활 속에서 자신의 정체성을 깨달으며 자라날 수 있게 하려고 힘썼다. '신앙교육'이란 무작정 아이를 교회에 보내고 여러 활동을 시키는 것, 혹은 '하나님을 잘 믿어야 한다', '교회에 꼬박꼬박 나가야 한다'는 것을 주입한다고 이루어지는 것이 아니다. 다른 교육도 그렇지만 신앙교육 또한 아이의 성장발달 단계에 맞추어 체계적으로 해나가야 한다. 만 열네 살 이전의 아이들은 추상적인 하나님의 형상과 속성을 이해하기 어렵다. 그러나 부모가 먼저 '하나님의 자녀'라는 정체성을 확립하고 아이들의 롤 모델이 되어주어야 한다. 가정에서 보고 듣고 배워서 신앙의 뿌리를 내릴 수 있도록 해야 한다는 말이다.

태도와 가치관은 배우는 것이다. 무엇보다 '긍정적인 태도'는 행동에 반영되고 행동을 반복하다 보면 그것은 곧 습관이 되고 인격이 된다. 유대인이 크게 성공한 것은 여호와 하나님에 대한 신앙심과 자신들이 선택받은 민족이라고 믿는 자긍심 때문이다. 실제로 어릴 때부터 신앙교육이 이루어지면 아이가 비행(非行) 청소년이 될 확률도 낮아지고 도덕성이 높은 사람으로 성장하는데 도움이 된다는 연구조사도 많다.

나는 내 아이들이 신앙 속에서 자라는 모습을 지켜보는 것만으로도 가슴이 벅찼고 이런 믿음으로 하는 교육이 얼마나 중요한지 몸소 체험했다. 우리는 식사 때마다 기도했는데, 한 번은 세 살 난 진석이에게 "오늘은 네가 기도할 차례야."라고 했더니 뜻밖에도 이렇게 기도하는 것이었다.

"하나님, 우리 아빠가 앞을 보게 해주세요."

그때까지 진석이에게 남편의 시력이 매우 나빠서 생활이 불편하다는 정도로만 이야기해두었는데 진석이는 아빠가 앞을 완전히 보지 못한다는 사실을 알고는 혼자 마음 아파한 것이다. 그래서 나는 아이에게 말해주었다.

"아빠는 원래 눈이 좋으셨는데, 열다섯 살 때 친구들과 축구를 하다가 눈을 다치셨단다. 그때 아빠는 골키퍼였는데 날아오던 공에 맞아 그만 실명을 하신 거야. 그런데 그 당시 안과 의사들이 치료를 잘못해서 눈을 고치기가 어려워졌어. 그러니 진석이가 열심히 공부해서 어른이 되어 아빠 눈을 고칠 수 있다면 정말 좋을 거야."

나는 그때 어린 진석이의 반응을 아직도 잊을 수가 없다. 두 눈을 반짝이면서 내 말을 듣던 진석이는 영어로 말했다.

"I will do that. It's cool(내가 아빠 눈을 고쳐줄게요. 그거 정말 멋지겠는데요)."

그때부터 자신이 정말 하고 싶은 일을 마음에 담고 진석이는 씩씩하게 자라났다. 아빠를 더욱 잘 돕고 듬직한 큰아들의 모습으로.

두 아들은 생김새와 성격, 재능과 취미 등이 모두 다르다. 하지만 세 살 터울로 적당해서 그랬는지, 진석이는 동생을 잘 데리고 놀았고 진영이는 형을 자기 영웅처럼 잘 따랐다. 무엇보다 진영이는 형이 하는 것은 뭐든 따라 하려고 했다. 심지어 형이 입던 낡은 옷도 좋다고 입고 다닌 덕분에 새 옷을 사줄 필요도 별로 없었다.

두 아들은 전혀 다른 모습으로 자랐다. 진석이는 어린 시절부터 순발력이 필요한 스포츠에 재능을 보여 교내 야구, 농구선구로 뽑혔던 반면 진영이는 그런 면에서는 좀 떨어지는 것 같았다. 그래서 진영이에게 줄넘기를 시켜봤는데 지구력이 강해 무엇이든 끝까지 해낸다는 것을 알아채고는 달리기를 시켰다. 결과적으로 진영이는 나중에 그 지역 내의 네 개 학교를 대상으로 열린 달리기 시합에서 우승까지 했고 자신이 형보다 잘하는 것도 있다는 것을 깨닫고는 자긍심을 갖게 되었다. 성인이 된 지금도 진영이는 지역에서 열리는 26마일 마라톤에 종종 참가한다.

이렇게 서로 다른 두 아들에게 나는 각각 애칭을 달아주었다. 세 살 때 아버지처럼 앞을 못보는 사람을 고쳐주겠다고 말한 진석이는 ‘엄마의 희망(You’re my hope)’으로 마음이 온유하고 배려심과 인정이 많은 데다 학교 성적도 늘 우수했던 진영이는 ‘엄마의 기쁨(You’re my joy)’으로 불렀다. 이런 애칭을 붙여 그것을 자주 불러주자 아이들은 정말 그 모습대로 자라나는 것만 같았다. 후일 성장해서 떨어져 지내며 편지로 안부를 전할 때에도 두 아들은 마지막에 항상 ‘엄마의 희망(You’re my hope)으로부터’, ‘엄마의 기쁨(You’re my joy)으로부터’라고 써주어서 나를 참으로 기쁘게 했다.

오 순 희의 시와 산문

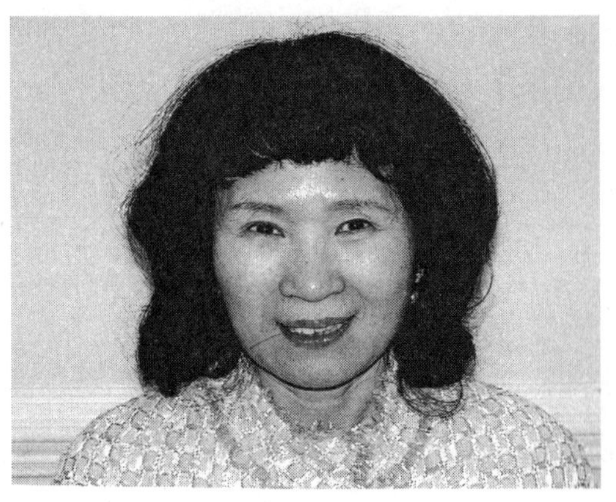

오순희 약력

- 1958년 경북 대구 출생
- 2011년 미국 이주
- 2012년 신학대학원 졸업
- 2012년 워싱턴창작문학회 회원

봄

높고 푸른 하늘
나의 드높은 마음의……

푸르디 푸른 아름다운 지난 세월에
스스로의 삶을 인내로 지켜가며
모순된 일들을 밝게 접어가면서

스며드는 향수를 지면에 채우고
외롭게 주님을 섬기는 생활 속에서
추슬러본 마음의 묵은 때를
다가오는 향기로운 봄의 향연으로
복사꽃 흩뿌리듯 날려보내고

들려오는 봄소식은
십자가의 사랑을 온 세상에 가득 채우는
기쁨 넘치는
한날 되게 하소서

쿼바디스, 도미네

야반(夜半)에 로마를 탈출, 새벽녘에 아스피안 가도(街道)를 걷고 있던 그는 먼동이 터오는 희미한 빛 속에서 골고다 언덕에서 십자가에 매달렸던 예수의 모습이 눈앞에 희미하게 다가오는 것을 보고 소스라쳐 놀랐다.

착시(錯視)일까? 그러나 베드로는 그 순간 무릎을 꿇었다.

"쿼바디스, 도미네."

인류의 '프로메테우스' 예수, 그는 로마의 주디아 식민통치에 영합하여 동족을 탄압하는 이스라엘의 지배층, 그리고 제세(濟世)의 구도(求道)를 벗어나 권력의 시녀(侍女)로 타락한 유대교를 규탄했다.

그는 갈릴리와 인근 소외지역을 전전하면서 억압받고 실의에 빠져 있는 민중들에게 내세(來世)에 대한 희망을, 그리고 인간이 그 권력의 사슬에서 해방되고, 새 생명을 찾는 길[道]을 찾는 등불을 밝혔다.

그는 이내 이스라엘은 물론 이방(異邦)인 사마리아에서까지 민중의 희망으로 떠오른다. 그가 마침내 예루살렘에 입성(入城)하자, 민중들이 대거 거리에 나와 올리브 가지를 흔들며 "호산나!"를 외쳤다.

그러나 이에 크게 당황한 유대교의 대제사장들, 이들은 산헤드린 공회(公會)를 열고 예수의 제거를 모의, 대사제 가야바가 민중선동으로 고발 예루살렘 주재 로마 총독 빌라도의 사형선고로 십자가에 매달린다.

이천 년 전 네로 치하의 로마는 많은 식민지에서 수탈한 재물과 노예들의 피땀 어린 노역(勞役)으로 부귀와 영화를 누렸으며, 귀족을 비롯한 지배계급의 불의와 부정은 절정에 달했다.

그래서 예수의 수제자 베드로는 이스라엘의 침략자 로마의 민중을 불의에서 구해 조국 이스라엘을 해방시키는 길을 찾아 나선다. 그는 로마에 잠입하여 예수의 유시를 전했다.

압제와 착취로 신음하던 식민지출신 노예들과 로마의 소외 계층에게는 십자가의 대속(代贖)과 축복의 약속은 큰 복음(福音)이었다. 이 복음은 요원(遼遠)의 불길처럼 민중들 사이에 급속히 전파되었다. 그러자 로마 관헌의 경계와 탄압이 삼엄해졌다.

이때 베드로는 주위의 권고를 받고 야반에 로마를 탈출했다. 새벽녘에 아스피안 가도에서 그는 그의 스승 예수 앞에 엎드린 것이다.

"네가 나의 백성을 버린다면 나는 로마로 가서 다시 한 번 십자가를 지겠다."

고개를 숙이고 있던 베드로의 귀에 예수의 애절한 음성이 들렸다.

한동안 무릎을 꿇고 있던 그는 잠시 후 일어나 발길을 돌렸다.

로마에 돌아온 베드로는 십자가에 거꾸로 매달린다.

부활의 새벽

그날 이른 새벽 저 멀리 부옇게 터오는 여명(黎明)을 가르며 발걸음을 재촉하는 두 그림자…….

그곳, 저 폭풍의 언덕 엊그제 가신 그분의 돌무덤이 비어있다는 막달라 마리아의 믿을 수 없는 전언(傳言)을 듣고 떨리는 가슴을 부여안고 가파른 골고다 언덕을 오르는 베드로와 요한.

그들의 간절한 기대와 흥분, 그리고 의문과 두려움이 교차하는 눈빛, 그들은 먼동을 배경으로 희미하게 떠오르는 후미진 산비탈을 응시하며 주님이 어디로 가셨을까 생각에 잠긴다.

이른 봄, 아직도 차가운 바람에 흐트러진 머리칼을 휘날리며 숨을 몰아쉬며 가파른 언덕을 오르다 돌에 채여 피가 흐르는 발을 내딛어 그 돌무덤에 도착한 그들.

이들 역시 빈 무덤을 확인하고 아연실색. 바로 그 순간 이들은 깨달았다. 이것이 바로 예수의 부활이다. 그리고 베드로와 요한은 한동안 말을 잃고 감격과 환희의 눈물에 젖는다. 그렇지, 이제 주님이 어디에 계시는지, 그것이 분명해졌다. 예수님은 바로 우리 곁에 아니 마음속에 계신 것이다.

우리를 사랑하셔서 인류의 죄를 대속하시기 위해 십자가를 지셨고,

그는 저 사망의 골짜기 어두운 하데스의 지하(地下)에서 부활하신 것이다.

우리에게 생명과 소망을, 그리고 그 찬란한 빛을 주시기 위해 부활하신 주님, 그의 대속으로, 우리는 사망의 권세를 이기고 영생의 축복을 얻은 것이다. 그리고 또, 어둡고 육중한 돌무덤을 열고, 부활하신 예수님, 우리는 그의 은총으로 영생을 누리게 된 것이다.

부활, 생명, 소망, 예수의 부활은, 그를 믿는 사람들이 죽어도 사는 소망으로 죄의 노예에서 해방된 새 삶의 축복이어라. 희망의 날개를 활짝 펴고 저 드넓은 창공을 날으는 감격과 환희.

오, 시온의 영광이 빛나는 아침, 그 새벽 "그의 부활이 우리를 거듭나게 하고 산 소망이 있게 하시네."(베드로전서 1 : 3)

햄튼을 찾아서

그날, 갑오년 6월 20일 금요일 오전 매주 우리 아난데일 한인커뮤니티 교회에 꽃을 헌납하시는 강수일 장로님을 챈틸리의 맥도널드에서 만나 장미를 비롯한 갖가지 아름다운 꽃을 카드보드 박스 가득히 싣고 아난데일로 달리는 길은 "우리 교회를 끝까지 지켜내야 한다"는 야무진 다짐, 간절한 기도의 연속이었다.

그리고 오후 1시 30분 우린 서둘러 햄튼을 향해 길을 나선다. 버지니아 컴먼웰스의 주도 리치몬드의 인근이라면 멀긴 하지만 두 시간 정도면 도착할 수 있다는 막연한 짐작을 하며, 그래서 멀지만, 미국의 여행거리로는 그렇게 멀지 않은 거리라는 위로와 함께…….

버지니아 감리교단 연차총회가 열리는 햄튼으로 달린다. 교회의 폐쇄라는 극단의 위기를 대처하기 위한 우리 교인들의 애절한 기원을 전달하는 메신저의 길.

솔로몬의 지혜와, 요셉의 꿈, 그리고 로마를 탈출하여 먼동이 터오는 새벽이 아스피안에서 예수님의 환영(幻影)을 만나 죽음을 각오하고 로마도 회귀하는 베드로의 결의를 갈구하며, 손에 손을 잡고 기도한, 우리 세 사람… 카놋사의 굴욕을 되씹으며…….

트래픽의 체증이 심한 스프링필드를 지나, 우리 동포들이 많이 사는 우드브리지의 교외에 들어서자 신록에 묻힌 대자연의 위용이 그 모습을 드러낸다. 이때 우릴 태우고 달리는 애마(愛馬) 쉐비 말리부에서 흘러나오는 찬송가 "참 아름다워라, 주님의 세계는 솔로몬의 옷보다 더 고운 백합화, 주 찬송하는 듯, 저 맑은 새 소리 내 아버지의 지으신 그 솜씨 깊도다."

그리고 우리들 민초의 초상화(肖像畵) 민들레, 밟아도, 밟아도 스러지지 않은, 그 강한 의지, 그 새하얀 민들레가 지천에 깔렸다.

마치 우리의 여로(旅路)가 찾아가는 구원의 손길, 세찬 바람 앞에 흐느적거리는 등잔불처럼, 폭풍의 전야, 내주에 닥칠 그 풍랑에 운명이 가물거리는 돛단배처럼, 존폐의 위기에 선 교회를 구하려는 마지막 시도에 어떤 계시의 메시지를 던지는 저 새하얀 민들레꽃들…….

햄튼은 우리가 떠날 때 짐작했던 것보다 훨씬 멀리 버지니아 주 남쪽 끝자락 버지니아비치에 가까운 오지(奧地)에 위치하고 있었다.

가도 가도 끝없는 하이웨이, 꼬리에 꼬리를 문 긴 자동차 행렬 특히 금요일 오후의 여로는 서행(徐行)의 경쟁이라고 하는 게 적절한 표현일 것 같다.

아난데일 한인가(韓人街) 식당들이 아직 런치 손님들로 붐빌 무렵에 출발한 우리 일행이 햄튼의 컨벤션센터의 위용 앞에 모습을 드러낸 게 긴 초여름의 해가 서산에 황혼을 드리우고 땅거미가 어둠을 재촉하는 저녁 8시 무렵이었다.

우린 이내 회의장에 입장하여 버지니아 주 각지에서 운집한 수천

명의 참석자 속에 섞여 마지막 순서 성만찬을 나누고, 곧장 무대 앞으로 나갔다. 오늘의 긴 여행이 목표한 조영진 감독을 만나 우리 교회의 존속을 호소하는 것이다.

아난데일 연합감리교회의 브라운 목사, 그의 우리 한인교회 "축출"이란 부당한 처사를 항의하고 그 어처구니없는 시도를, 막아보려는 마지막 도전이었다.

조 감독님은 우리 일행을 따뜻하게 맞아 주셨고, 우릴 위해 기도해 주시겠다고 약속해 주셨다. 그리고 우린 마침 이 회의에 참석한 브라운 목사를 발견하고, 그에게 달려갔다.

우리의 출현에 당황한 빛을 보인 브라운 목사는, 그러나 "같이 기도하자"며 타협적 자세를 보였다.

불안의 격랑이 잠잠해지는 것일까. 순풍의 닻을 올려야 할지 아직 낙관을 하기엔 해결의 실마리가 보이지 않은 상태라고 하는 게 옳지.

그리고 우리의 심각한 사태를 전혀 감지하지 못했다는 아난데일 연합감리교회 부목사에게도 사정을 알리고, 호소했다.

"당신의 도움이 우리에겐 마지막 지푸라기(last straw)예요"라고…….

진인사대천명(盡人事待天命)이라고 할까.

"우리가 할 수 있는 최선을 다하고 하늘의 명을 기다린다."

저녁 9시 반, 회의장을 나섰다. 귀가 출발 전, 우린 파킹장에서 서로 손을 꼭 잡고 기도한다.

"주여, 20년 가까이 제단을 쌓아 온 우리 교회를 지켜주시옵소서. 그러나 우리의 뜻대로 하지 마시고…… 우린 주님의 뜻을 따르겠습니다."

칠흑 같은 어둠을 뚫고 직선의 Route 64를 따라 북상한다. 도중 소나기가 차창을 세차게 때린다.

오, 저 하늘의 별, 울려 퍼지는 뇌성, 저 울창한 푸른 숲, 고요하게 흐르는 계곡의 벽계수, 벌이 쏘지 않아도 스스로 터지는 황율(黃栗), 이 우주의 모든 신비가 우리 주님의 권능이 아닌 게 없다. 그리고 또 항상 우릴 지켜주시는 나의 주, 우리 목자.

햄튼을 향해 달리다 프레드릭스버그 리소트 에어리아에서 차를 멈추고 준비해간 애찬을 나눌 때 나의 사목, 우리의 목사님. 그는 갑자기 격정의 눈물을 흘리셨지요.

"목사님, 우린 정말 다짐합니다. 이것이 결코 끝이 될 수 없다고. 우리의 걸음은 계속될 거예요. 예, 사목의 목양, 그 한없는 사랑, 그리고 주님의 사랑을 우린 이 지구의 끝까지 전하기 위해 길을 재촉하시는 목사님의 뒤를 끝까지 따를 거예요."

옥 정 자의 시와 산문

옥정자 약력

- 1943년 경남 진주 출생
- 1975년 미국 이주
- 2012년 워싱턴창작문학회 회원
- 2015년 월간 『조선문학』에 수필로 등단

다 내 탓이나이다

엉뚱하게 날아간 골프공이나 테니스공을
탓하지 말라!
당신이 그쪽으로 쳤나이다.
말썽부리는 자식을 탓하지 말라!
당신이 그렇게 키웠나이다.
멍청한 남편을 탓하지 말라!
바보온달을 대장으로 키운 평강공주를 생각하라!
참새같이 조잘대는 마누라를 탓하지 말라!
당신이 그렇게 만들었나이다.
내 탓이요 내 탓이요 다 내 탓이나이다.

■ 산문

을미년 양띠 해

2015년 금년은 을미년(乙未年) 양띠 해다.

12년마다 찾아오는 양띠 해를 맞이할 때마다 감회가 깊어진다. 내가 "계미년" 양띠 해에 태어나서 그런가 보다. 이렇게 12년마다 양띠 해를 맞을 때마다 금년은 양띠 해이니 뭣 좀 해봐야겠다고 다짐하여 보곤 했었지만 금년 을미년까지 6번째를 맞이하지만 지금까지 소망했던 일들이 제대로 이루어진 것이 별로 없었던 것 같다. 왜 그럴까? 생각해 보니 내가 너무 욕심이 많았었나 하고 자책해 본다.

살아생전 온갖 영화를 다 누렸던 솔로몬 대왕도 죽을 때 '헛되고 헛되고 다 헛되도다'라는 말을 남기고 죽었다고 하는데 그 헛된 것들을 좀 더 차지하기 위해 그 헛된 것을 조금도 잃어버리지 않으려고 안달복달하면서 내 소중하고 가까운 사람들에게까지 마음의 상처를 준 일은 없었는가 생각해 본다.

범사에 감사하라고 하는데 나는 범사에 감사하며 살아왔는가? 자책하여 본다. 지금 새삼스럽게 범사에 감사하라는 말을 되새겨 생각하여 보면 나는 정말 복 받은 사람이라고 생각된다. 이 설움 저 설움 해도 배고픈 설움 이상 없다고 하는데 양띠 해를 6번씩이나 맞을 때까지 그런 설움 없이 살고 있으니 얼마나 복 받은 사람인가! 이 이상 무엇을 더 바라겠는가!

그리고 또한 6번씩이나 맞이한 양띠가 아직까지 주에 3번씩이나 테니스를 치고 다닐 수 있는 건강을 유지하고 있으니 얼마나 큰 복을 누리고 있는가! 나에게 이런 복을 주신 분들께 두 손 모아 감사를 드린다. 그리고 범사에 감사하라는 말을 가슴깊이 새겨두고 살아간다면 세상만사 뭐 그리 속상할 일들이 많겠는가?

금년 양띠 해는 범사에 감사하며 살아가야 하겠다. 그러면 앞으로 또 한 번 돌아오는 양띠 해를 맞이할 수도 있지 않겠는가 생각해 본다.

겨울 나그네

요새는 저녁 5시경만 돼도 어두워진다.

기나긴 겨울밤을 그냥 멍청하게 TV 앞에만 앉아있기가 뭣해, 이러면 안 되지 하며 하다못해 잡문이라도 써보는 연습을 하든가 아니면 붓글씨라도 연습을 하든가 하고 생각을 하며 얼핏 생각나는 대로 겨울 나그네라고 백지 상단에 적어놓았다. 그리고 며칠이 그냥 지나갔다. 그 제목을 적어놓은 백지를 식탁 한 모퉁이에 놓아두고 하루에 몇 번씩 스쳐 지나치면서도 손을 대지 못했다. 그러다가 시작이 반인데라고 생각하면서도 어떻게 시작을 해야 할지 엄두가 나질 않았다.

그 전엔 치매라는 소리가 귀에 들어오지 않았었다. 그런데 언제부턴가 나도 모르는 새에 치매라는 소리가 귀에 들어오기 시작했다. 무엇 무엇 하면 치매 예방에 도움이 된다. 무슨 무슨 음식이 치매 예방에 도움이 된다. 신문방송에 치매소리만 나오면 귀가 솔깃해졌다. 언젠가 신문에 편지나 기타 등등 이런저런 글들을 써보는 것이 치매 예방에 좋다는 글을 읽고 나도 글을 써봐야 하겠다고 다짐하면서도 책상 위에 있는 펜을 선뜻 잡게 되지 않았다. 하지만 일단 제목을 겨울 나그네라고 써 놓았으니 나그네의 정의부터 확실하게 알고 싶어 포켓 국어사전을 펼쳐보았다.

1. 제 고장을 떠나 객지에 있는 사람.

2. 여행 중인 사람. 여객, 행객.

이라고 써 있었다.

나그네, 나그네라는 말은 다양하게 쓰여진다.

인생은 나그네, 나그네 인생, 나그네 설움 기타 등등 주로 유행가 제목으로 많이 쓰인다. 나그네 하면 한 곳에 정착하여 사랑하는 가족과 함께 행복한 인생을 살아가지 못하고 정처 없이 이리저리 떠돌아 다니는 외로운 인생들이라고 생각한다. 하지만 또 한편으로 생각하여 보면 나그네 인생같이 홀가분하고 마음 편한 인생도 없지 않나라고 생각된다. 모든 속박에서 벗어나 마음 편하게 바람 따라 물결 따라 흘러 다니는 부평초마냥…

나그네 인생, 얼마나 행복한 인생인가?

내 마음 속에서 내 스스로가 나를 만들어갈 수 있는 자유스러운 인생이니 얼마나 행복한 인생인가! 하지만 추위에 떠는 겨울 나그네보다는 여름 나그네가 되고 싶다. 보다 더 여유가 있을 테니…….

세월 앞엔

세월 앞엔 장사도 없다는 말, 시간이 지나갈수록 실감난다.

왜? 이렇게 시간이 빨리 지나가나? 징글벨 소리 듣던 것도 엊그제 같은데 여기저기서 또 다시 들려온다. 나도 한때는 왜? 이렇게 시간이 더디 가나 하고 안달할 때가 있었다. 어서 빨리 교복을 벗어버리고 대학생 언니들과 같이 머리도 어깨까지 덮이도록 치렁치렁 길러보고 싶었고, 살짝 화장도 하고 싶었고, 원피스 투피스도 마음에 드는 색깔로 골라 입고 거리를 쏘다니며 음악다방에 가서 차를 마시며 친구들과 수다도 떨고 싶었다. 하루빨리 그러고 싶어서 늦게 가는 시간에 안달했는데…….

그런데 어느덧 70 고개를 넘어섰으니 언제? 그런 시간이 지나갔는지 나 자신도 믿어지지 않는다. 나이 70은 고희(古稀)라고 해서 내가 자랄 그때만 해도 동네에서 뵙기 힘든 분들이었는데…….

아침에 일어나 화장실에 들어가 거울을 들여다볼 때마다 어떤 노파가 저렇게 나를 빤히 쳐다보고 있나? 하고 기분이 이상해질 때가 있다. 앞으로 걸어갈 날이 지금까지 걸어온 길의 반의 반 토막도 안 될 텐데 하고 생각하면 마음이 찡하며 울컥해질 때가 있다.

남의 눈총을 받아가면서도 그렇게 끈질기게 나뭇가지에 매달려 있던 슈퍼 고엽도 어느 날 이층 창문을 통하여 바라보니 자취도 없이 사라지고 없었다. 그렇게 비바람에도 끄떡하지 않고 끈질기게 매달려 있어서 슈퍼 고엽이라고 불리던 너까지!

아! 정말 세월 앞엔 모든 것이 다 허상이었구나…….

나, 또한 언젠가는 저렇게 흔적 없이 사라지겠구나 하고 생각하니 또 다시 마음이 흔들린다. 지금까지 살아온 일들, 또한 앞으로 살아가야 할 일들을 생각하다 보니 어차피 세월 앞엔 모두가 허상인 것을, 그러니 이제 남은 삶이나마 나를 위해서 자유롭게 살아가야 되겠다고 다짐하여 보지만, 이것 또한 지나고 나면 다 허상일 텐데 하고 생각하니 그냥 이런들 어떠리 저런들 어떠리 바람 따라 물결 따라 속 편하게 살아가고 싶다.

하지만, 한 가지 걸리는 데가 있다. 최소한도 자식들에게나마 인생살이 바른길로 걸어갈 수 있게끔 나침판 같은 길잡이는 돼줘야 하지 않겠는가? 하고 자문하다 보니 또 한 번 엉거주춤해진다. 그런데 내 인생의 끝인 죽음은 나와는 관계가 없는 것 같이 생각되고, 죽음은 나와는 상관이 없는 남의 일 같이만 생각되니 어쩌면 좋을까? 하지만 모든 생명체는 언젠가는 죽는다, 나는 생명체다, 그러니 나도 언젠가는 죽는다라고 생각하니 지금부터라도 준비해야겠다. 언젠가는 떠나야 할 이 세상을…….

화무십일홍(花無十日紅)

"화무십일홍"이란 말이 "권불십년"이라는 말과 함께 한때 사람들 입에 자주 회자되곤 했다. 그런데 요즈음 세상에선 "화무십일홍"이라는 말을 입에 올리기가 무색해졌다. 이른 봄에 피는 벚꽃 정도를 제외하고 나면, 운 좋게 집안 화분에서 사는 꽃들은 말할 것도 없고, 뒤뜰의 화단이나 길가의 화단에 피어있는 화초들 중에서도 꽃향기 짙게 풍기며 벌과 나비를 찾아들게 하던 진짜 꽃들은 찾아보기 힘든 세상이 되었다.

요즈음은 화유 이백일홍 삼백일홍이 보통이다. 가든샵에 가보면 이른 봄철부터 늦가을까지 여러 종류의 꽃들을 접할 수 있지만 그 꽃들은 찾아오는 벌과 나비들을 보기 힘든 세상이 되었다. 벌과 나비들이 찾지 않는 그 수많은 꽃들, 어떻게 진짜 꽃들이라고 할 수 있겠는가?

10일홍을 200일홍, 300일홍으로 만들었으면 10일홍 꽃과 같이 풍기던 향까지 함께 만들었어야지 꽃은 꽃인데 향기 없는 조화나 다름없는 꽃들로 만들어 놓았으니, 향기가 없으면 꿀도 없는가본데 앞으로 벌과 나비들의 앞날이 걱정스럽다.

인스턴트커피, 인스턴트식품들은 물론 진품 같은 모조품들을 만들어 내고 있으니 앞으로 세월이 흘러 흘러 언젠가는 돈만 있으면 몇 개라도 사다 쓸 수 있는 진짜 같은 강아지, 진짜 같은 고양이, 진짜 같은 여자, 진짜 같은 남자들도 만들어 낼 테니 생각만 해도 귀가 간질간질 해진다. 그런 날이 올 때가 그리 먼 훗날이 아닐 텐데, 정말 말세가 가까워진 것이 아닌가 생각된다.

이 세상을 창조하신 창조주가 자기 고유의 영역을 침범하려는 인간들의 행동을 보고만 있지 않을 텐데 제2의 바벨탑이 무너질 때도 그리 멀지는 않은 거 같다.

아! 내가 이 세상을 50여 년을 늦게 나왔나? 아니면 빨리 나왔나? 아니면 딱 좋을 때 나왔나? 이런저런 생각을 하다 보니 초겨울의 햇빛이 짧기만 하다.

내 나이 몇인데

며칠 전 신문 한 모퉁이에서 '역지사지(易地思之)'라는 글을 접했다. 그리고 생각해 보았다. 생각해 보니 내가 나 보기에 스스로 부끄러웠다. 내 나이가 몇인데…….

내 나이쯤 되면 '역지사지'라는 말이 몸과 마음에 배어 있어야 할 텐데 아직 그렇지 못하니 정말 내 자신이 부끄러워졌다.

며칠 전 이야기다. 남편과 약속이 어그러져 오래간만에 시내버스를 타게 되었다. 오래간만이라고 하지만 버스를 타본 지가 아마 40여 년은 된 것 같다. 그러니 버스요금이 얼마인지 알 턱이 없었다. 기사 양반 뒷좌석에 서너 사람이 앉을 수 있는 좌석이 노인 우대석이었다. 거기에 새파랗게 젊은 여자애가 앉아 있었다. 나하고 눈이 마주치면 발딱 일어나 자리를 양보할 것 같아 미안해했는데 그게 아니었다. 나하고 눈이 힐끗 스치며 마주쳤으나 모르는 척하고 다시 휴대폰을 만지작거렸다. 앞에 계속 서 있기가 민망스러워 옆쪽을 바라보니 뒤쪽 일반석에 자리가 한두 석 비어 있었다. 흔들거리는 차 속에서 기다시피 찾아가 앉았다. 그리고 또 한 번 힐끔 쳐다보기에 "고것 참, 요즈음 젊은 애들 노인네 보길 우습게 보네……. 아니 내가 동양 사람이 돼서 우습게 보나!"

아무것도 아닌 일이지만 신경이 쓰였다. 그러면서 차는 다음 정거장에 도착하여 이번에는 같은 피부색 노인네가 승차하여 역시 앞에 잠깐 서 있었지만, 이번에도 나 몰라라 했다.

"아하! 고것 참 맹랑하네……." 나도 모르게 쓴웃음을 짓게 했다. 그러면서 버스가 세 번째 정거장에 섰다가 출발하면서 그 얄미운 것이 내릴 준비를 하는지 휴대폰을 챙겨놓고 옆에 세워놓았던 지팡이를 챙겨들고 불편하게 일어서는 것이 아니겠는가! 나는 그때 아차 했다. 아! 그 얄미운 것이 다리가 불편한 애였구나! 난 그런 줄도 모르고 속으로 이러쿵저러쿵…. 정말 그 아가씨 보기에 민망했다. 내 나이가 몇인데 아직 이 모양이니 정말 부끄러움을 느꼈다.

'역지사지(易地思之)'. 지금 내 나이쯤 됐으면 처지(處地)를 바꿔 생각을 했어야 했는데….

그러면 가정에서나 밖에서나 속 끓일 일이 뭐 그리 많겠는가? 이제부터라도 '역지사지'를 짬짬이 되새기며 속 편하게 살아가야 하겠다.

만약, 아무 사정도 모르고 내가 먼저 내렸다면 그 아가씨에게 정말 미안할 뻔했다. 계속 잘못 생각했을 테니…….

나목(裸木)에 매달려 있는 고엽(枯葉)을 바라보며

날씨가 덥다덥다 할 땐 빨리 더위가 가시고 시원해지면 좋겠다고 생각 했는데 막상 시원해져서 "아! 기분이 좋으네" 하고 느끼는 것도 잠시 잠깐 새에 지나가고 아침저녁으로 쌀쌀해지니 마음 한구석이 허전해진다.

2층 침실 창문을 통하여 미풍에도 한두 잎 떨어지는 낙엽을 바라보자니 공연히 쓸쓸해진다. "아! 또 한 해가 지나가는구나" 하고…….

녹색 짙은 푸르름을 머금고 있을 땐 폭풍 같은 센 바람에도 끈질기게 매달려 있던 푸른 잎새들, 세월이 지나다 보니 고엽이 되어 미풍에도 한두 잎씩 떨어지는 듯하더니 어느새 우수수 떨어져 나무 밑에 수북이 쌓여 오고가는 바람에 이리저리 굴러다니는 신세가 되었다.

그런데 나목이 된 앙상한 나뭇가지에 고엽이 되었지만 낙엽이 되지 못하고 끈질기게 매달려있는 마른 잎이 두서너 개가 있다.

침실 창문을 통하여 며칠 전서부터 바라보아도 계속 세 개의 고엽이 매달려 있다. 어젯밤 비바람이 궁금하여 아침에 일어나 바라보니 역시 매달려 있었다.

아! 요새 슈퍼(Super) 소리가 앞에 안 붙으면 제대로 행세를 못한다는데 저 고엽이야말로 정말 진짜 슈퍼 고엽이네!

그런데 저 마른 잎은 무슨 사연이 있기에 남의 눈총을 받아가며 저렇게 끈질기게 매달려 있는 걸까? 세월의 흐름에 따라 할 일을 다 했으면 미련 없이 마음을 비우고 낙엽이 되어 자연으로 돌아가는 것이 창조주의 섭리가 아닐까?

나는 끈질기게 붙어있는 저 슈퍼 고엽같이 되지 않아야 되겠다.

이 은 애의 시와 산문

이은애 약력

- 인패스(INPASS) 오케스트라 대표
- 맥클린 한국학교 교장
- 킹스팍(K.P.U) 대학 교수
- 코리아커뮤니티센터 건립 추진 위원회 멤버십, 행사위원장
- 미주 한인재단 워싱턴(KAF-GW) 명예회장
- 워싱턴문인회 · 워싱턴창작문학회 회원
- 중앙일보, 주간 워싱턴 컬럼니스트
- 제6회 윤동주 해외신인상 수상
- 저서에 『한국 국정교과서 참고도서 정통 대입가정』, 『핵심 대입가정』, 『가정학 세미나와 새 가정』, 『가사 세미나 외 새 가정 대입문제집』이 있다.

눈[雪]은 세상을 덮어도

어깨 늘어뜨린 나뭇가지
힘에 겨운 짐을 진 지붕
눈[雪]의 늪 속으로
세상이 흡입되고 있다

기억의 창고는
무게에 빗장 걸리고
지구는 수평이 된다
창틀에라도 걸렸을
말하지 않은 말들

다만 한줄기 바람이
순백(純白)의 입자를 실어 나를 뿐
세상도 시계도 작동을 멈춘
적막한 공간
아무도 오지 않은 길을 향해
말하지 않은 말들이 일어난다
눈[雪]은 세상을 덮어도
사랑은 덮지 못한다

■ 산문

한글의 아름다움

한글은 세종 25년 1443년에 창제되고 3년 뒤인 1446년 음력 9월에 반포되었으니 올해 양력 10월 9일로 568주년 한글날이 된다.

아름다움은 눈으로 보는 느낌이기도 하지만 마음사랑, 정신문화 등 말로 다 표현할 수 없는 형이상학적 아름다움도 있다.

한글날을 맞아 한글이 우리의 일상에 끼치는 아름다움을 표현하고자 하면 태어나고 자라면서 말부터 배우게 되는 것은 인류 공동체에서 의사소통이 가장 기본적인 소통의 요소이기 때문이다. 그리고 때와 장소를 넘어서는 의사 전달 및 저장이라는 2차적 수단이 문자 곧 한글이다.

이런 의미에서 창조 한글의 아름다움은 단연 세계 제일이다. 소리글 한글의 규칙성과 과학성, <ㄲ, ㄸ> 등 된소리와 <ㅐ, ㅔ>와 같은 겹소리 및 그 조합성으로 인하여 표현하지 못할 소리가 없고 기본 글자 수가 적어 누구나 쉽게 배우고 쓸 수 있어 한국인의 문맹률은 0%에 가깝다. 한글 하나로 우리 한국인은 세계 정상급 문화 국민의 토대를 확보하였다고 생각한다. 얼마나 자랑스러운 글인가?

현실적으로 우리 미주 한글교육의 실용성을 말해보면, 현재 미국에는 15개 지역 약 1천여 개의 주말에 운영하는 한국학교에 약 6~7만의 학생들이 재학하고 1만 명 이상의 자원봉사자 교사들이 땀 흘리고 있다. 단연 동포사회에서 가장 큰 전국 조직이며 장래를 기약하는 아름다운 배움의 터전이다.

한글교육이 한인 2세들에게 왜 절실한가?

해외동포로서의 동질성과 실용성이라는 정치적 필요 때문이다. 한국어를 배우면 가족 친척 간에 소통과 화합이 이루어져 동질성을 회복하게 되고, 아울러 손쉽게 이중 언어능력을 갖추어 대학 진학과 함께 졸업 후 보다 많은 취직 기회와 아울러 높은 보수를 받을 수 있는 직위와 더 나아가 글로벌 인재가 될 수 있기 때문이다. 그리고 미국 동포들이 이룩한 위안부 결의안 의회 통과, 기념비 건립 그리고 동해 병기운동의 성공적 비결이 바로 창조 한글의 정치적인 산물이기 때문이다.

지정학적으로 중국, 러시아, 일본 등 열강국 사이에 끼어 있는 대한민국은 강대국들의 침략과 수탈 고통의 역사를 이어왔다. 한 가지 희망은 미국에 거주하여 유권자 집단으로 성장하는 동포들의 정치력이 미국의 힘을 빌려 이들을 견제, 방어할 수 있다는 점이다. 외교력 부족으로 고전하는 한국을 돕는 동시에 한민족 자신들의 지위 향상을 위한 현명한 길이라 볼 수 있다.

이처럼 흠잡을 데 없는 아름다운 창조 한글이 어떻게 탄생하였을까? 이는 한글을 창제 반포한 세종대왕이 훈민정음 책머리에 밝혔듯이 힘없는 국민을 사랑하는 인간애가 담뿍 담겨있기 때문이다.

한국 정부와 동포 주체는 미주 한글교육에 적극적으로 앞장서서 한인들의 잠재적인 역량 발휘를 도와야 할 의무가 있다고 생각한다.

창조적인 한글을 생명처럼 사랑하는 길이 바로 한민족 생명의 정체성이다.

한국인의 의식 개혁

- 안중근이 답하다

나도 한국 사람이지만 우리 한국 사람들의 삶의 모습을 살피다 보면 이해가 안 되는 특성을 만나게 된다. 그것은 바로 불가사의한 극단적 양극화 성향이다. 21세기 세계경제의 옥토가 된 첨단 반도체 및 정보통신의 힘줄인 IT분야에서 세계 정상을 다투는 나라에서 세월호 참사, 리조트 붕괴 등 어이없는 각종 사고, 하루도 끊일 날 없는 화재 소식 등 저개발 원시형 사고가 쉬는 날이 없다.

가난한 나라의 품팔이 노동자들이 꿈을 갖고 찾아든 '잘사는 나라' 한국의 순종 한국인이 일본과 미국에서는 어이없이 매춘이나 마약사범으로 우리의 얼굴에 먹칠을 한다.

왜 우리는 정반대의 양극을 달리고 있는 것일까? 나는 한국인의 DNA가 유죄라고 생각한다. 좋은 일, 나쁜 일 무엇이든지 할 수 있는 총명한 DNA에 네비게이트형 방향성을 입력하지 못하였기 때문이라는 뜻이다.

한 몸으로 조선이라는 혁신적 국가를 설계한 정도전, 생각할수록 감탄스럽기만 한 한글을 창제한 세종, 원산지 중국을 넘어 성리학 완성의 경지로 끌어올린 천재학자 퇴계와 율곡 등은 한인 DNA의 우수성을 바른 길로 입증한 확실한 증인들이 아닐까? 식재료는 좋으나 요리를 잘못하거나, 학생들은 총명한데 지도교사가 부족해서, 국민은 우수한데 훌륭한 리더가 없어서 바른 방향을 잡지 못하고 있는 것이다.

안중근 평전을 읽다가 보면 교육입국을 추구하는 안중근 선생을 만나게 된다. 고향인 황해도 청계동을 떠나 진남포로 삶의 터전을 옮긴 안 의사는 첫 번째 구국사업으로 돈의학교와 중등야학교인 삼흥학교를 개설한다. 또한, 호쾌한 명필로도 유명한 의사께서는 약 50개의 유필을 남기셨는데 그 중 교훈적인 것을 예를 들어보면,

> 일일불독서구중생형극(一日不讀書口中生荊棘)
> 하루라도 글을 읽지 않으면 입안에 가시가 돋는다.
>
> 박학어문약지이례(博學於文約之以禮)
> 공부를 널리 하고 예법으로 이를 단속하라
>
> 고막고어자시(孤莫孤於自時)
> 스스로 잘난 체하는 것보다 더 외로운 것은 없다.

등 배움과 인격을 강조했음을 알게 된다.

그러나 안 의사가 국내 구국운동이 한계에 부딪히자 새로운 근거지를 찾아 러시아 블라디보스토크로 떠나면서 두 동생 정근과 공근에게 당부한 말은 한국인의 부정적인 민족 근성과 폐습을 날카롭고 정확하게 지적한 명답으로 100년이 지난 오늘에도 웅변적으로 우리를 가르치는 말이 되어 옷깃을 여미게 한다. 어쩌면 100년의 세월에도 우리

의 좋지 못한 근성이 그렇게 하나도 나아지지 않았는지 놀랄 뿐이다.

> "우리나라는 사회의 화합이 가장 부족하다. 사람들이 겸손의 덕이 부족하고 허세와 교만으로 일을 하니, 남의 위에 오르는 것을 좋아하고 남의 아래에 있지는 않으려고 하는 까닭이다. 너희들은 마음을 비우고 선한 것을 받아들여 자신을 낮추고 남은 존중할 것이며 사회에 해를 끼치지 말라."

바로 오늘 우리를 향한 매서운 질타가 아닐 수 없다. 우리 모두 마음에 새겨둘 교훈이다.

동해 병기운동의 교훈

인류 문화의 끝없는 발전 진행 과정에서 역사를 거듭 강조하는 것은 과거의 경험적 실례에서 현재와 미래를 위한 올바른 교훈을 이끌어낼 수 있기 때문일 것이다.

이번 버지니아 동해 병기운동은 그 최종 성패와 관계없이 지금까지의 운동 자체만으로도 한인 이민 110년 역사의 한 장을 장식할 획기적 전환점이며 따라서 놓쳐서는 안 될 귀중한 체험적 교훈들을 남기고 있다.

보는 이에 따라서는 시각적 편차가 다소 있을 수 있겠으나 필자로서는 한인 지도부의 요청에 응하여 주 의회결의 촉진 운동의 전 과정에 참여하면서 직접 보고 확인한 <내가 본 한인의 체험적 교훈>을 피력해보고자 한다.

첫째, 이번 버지니아 동해 병기운동에서 얻은 가장 큰 소득은, 우리 한인들의 결집된 투표권이 놀랄만한 위력을 발휘한다는 실증을 우리들 눈으로 생생하게 보고 깨달았다는 점이다.

이 교훈은 일회성의 병기운동을 넘어서 우리 한인들이 끝없이 이어나가야 할 미주한인 자강운동의 바탕이라는데 크나큰 의미를 가지고 있다. 이러한 운동은 우리에게 축복이면서 동시에 도전이다. 한인 지도부가 한인 투표등록 90%, 투표참여 80% 달성 운동에 총력을 기울여야 할 이유가 여기에 있기 때문이다.

둘째, 미국의 민주, 공화 양당 체제에서 한인들은 한편에 편중되지 말고 초당적으로 친한국계를 중점 지원하는 중도적 양당 교류 원칙을 견지해야 한다는 것이다. 지난 버지니아 선거에서 한인의 집중 지원을 받은 민주당은 주지사를 포함하여 몇몇 위원들이 공약을 파기하며 배신의 행보를 보여준 반면, 서운하게 생각할 수도 있는 공화당이 당론으로 맹렬하게 동해 병기 지지에 결정적 역할을 한 데서 볼 수 있듯이 한인사회는 양당 교류를 통한 실리 추구가 보다 나은 옳은 길임을 새겨야 할 것이다.

셋째, 한인계 의원을 의회에 진출시키는데 더욱 박차를 가해야 한다는 교훈인 것이다. 이번 하원 의결 위기에서 우리 한인의 뜨거운 가슴 마크 김 의원의 혼신의 기여는 그의 성실성으로 미루어 의심의 여지가 없다고 본다.

하원 발의안 최종 의결에서 김 의원은 "한인들은 '동해'라는 바다 이름만 일제에 빼앗긴 것이 아니라 내 아버지, 어머니는 창씨개명으로 자신의 이름마저 빼앗겼고 한국말까지 빼앗겨 오늘날까지도 무의식중에 일본이름이 불쑥불쑥 튀어나온다."라고 하는 감성적 호소는 모든 의원들에게 충격적인 설득이 되었을 것으로 보인다. 그리하여 동해 병기는 '바르게 알 권리'라는 또 다른 인권문제라고 인식을 하게 되었을 것으로 생각된다.

넷째, 상·하원 교차 승인 절차만 남아 다 된 줄 알고 방심한 틈을 비집고 들어와 위기를 조성한 일본의 집요한 로비력과 자금력은 우리에게 엄중한 경고가 되고 있다는 점이다. 이는 뿌리 깊은 한·일의 역사적 악연과 국격을 잃어버린 현재 일본의 광란적 우경화가 겹치면서 재미한인 운동의 힘겨운 짐이 되어 우리들의 비장한 각오를 요구하고 있다.

우리 재미한인들은 본국의 외교력으로도 속수무책인 한·일 관계 정리에 한 몫을 확실히 해내겠다는 굳은 각오로 미주한인 정치력 신장에 총력을 기울여야 한다.

마지막으로 마크 김 의원은 의회 결의 성공 후 가진 동포회견에서 "오늘 우리가 새롭게 깨달아야 할 귀중한 교훈은 Grass roots(개개인의 투표민권)의 힘이며 따라서 향후 투표등록과 투표참여가 한인동포 운동의 중심이 되어야 한다."라고 역설하였다.

동해 병기운동의 성공 요인은 개개인의 투표권이라는 점에서 한인의 집단적 성취이다. 따라서 결코 어느 개인의 공과가 될 수 없다는 뜻이다.

이제부터 모든 재미한인들은 '미주한인'이라는 공동체적인 대의 앞에 '자기위주'의 개인적 이해를 내려놓는 진정한 단합의 정신으로 새로운 미주한인 시대를 준비해야 할 것이다.

세월호의 정답

세월호의 참사는 반만년 한국 역사에서 유례를 찾아볼 수 없는 참담한 사건이었다. 어른들 집단 물욕이 가져온 이 사건은 그 추악한 몰골의 혓바닥이 진도 맹골수로의 거친 물살 위로 치솟아 백의민족의 혼줄을 송두리째 헤집어 놓더니 그 사나운 발톱은 우리의 가냘픈 자존심과 국격마저도 여지없이 박살내어 세계만방에 그 파편을 흩뿌리고 말았다.

빛은 사라지고 앞은 보이질 않았다. 채찍이 올라가고 온갖 훈계가 쏟아졌으나 정답은 나오지 않았다. 나는 답답하였지만 그래도 우리 민족의 DNA를 믿었다. “궁하면 통한다”는 말을 기억해내며 밟아도 죽지 않고 다시 돋아나는 시골길 민들레를 생각하고 있었다. 민들레처럼 끈질긴 생명력, 바로 그 잡초의 근성과 역사의 고비 고비마다 창조와 혁신의 지혜를 발휘한 민족의 저력을 믿었다. 그러더니 드디어 “인성교육”이라는 정답이 나왔다.

지난 4월 국회의원단을 이끌고 워싱턴을 방문하여 동해 병기 성공을 치하했던 정의화 의원이 귀국하여 국회의장으로 선출되었다. 5월 26일에는 여 · 야 의원 100명의 공동 발의로 “인성교육진흥법안”을 발의했다. 작년 2월부터 1년여 준비한 법안이라니 정 의원의 시국관이 놀라웠다.

사람이 사람답게 살아가기 위해서는 인류공영 공존의 가치를 존중하는 인성이 필수이며 이는 교육으로서만 이룩될 수 있기 때문이다. 인류의 역사만큼 삶의 규범과 율법은 켜켜이 쌓였지만 범죄와 처벌 또한 반복 증대되고 있다. 따지고 보면 한국의 안전 불감증은 우리 민족이 면면히 갈고 닦은 민족정신을 버리고 서구식 물신주의 교육에 빠진 참사이다. 역사를 외면하고 백의정신을 가르치지 못한 교육이 유죄라는 말이다.

단군의 개국이념 "홍익인간". 그리고 요즘 드라마의 화제 역사인물이며 조선개국의 천재적 정략가 정도전의 민본주의 정치와 혁명적 토지개혁, 세종의 한없는 백성 사랑과 한글 창제, 퇴계와 율곡의 심오한 성리학, 임진왜란을 지켜낸 이순신과 선비 의병들의 살신보국, 『목민심서』를 지어 국민중심의 치도를 제시한 정약용의 인간애, 나라와 동포를 위해 주저 없이 총을 든 안중근의 의거, 일일이 거론할 수 없는 우리 조상들의 인간애와 국민중심의 민본사상이 우리 핏줄 속에 도도히 흐르고 있다. 그렇기에 인성교육은 역사교육과 민족사상의 회복에서 찾아야 한다고 본다.

나는 워싱턴에 자리 잡게 된 것을 다행이요 축복으로 생각하면서 또한 무거운 책임감도 느낀다. 한국학교, 장학재단, 위안부 인권운동, 한인 과학자협회, 미주한인재단, 이순신 문학상 그리고 최근의 동해 병기운동의 발상지가 모두 워싱턴이다.

2004년 한글 및 이순신 정신 숭모교육 운동가 이내원 씨가 제안하고 당시 워싱턴문인회 회장 이문형 씨가 채택하였으며 나도 실행위원으로 함께 열성을 다했던 이순신 인성교육 운동이 발의가 지금 생각하면 10년이나 앞서 갔으니 여러분들의 그 선각적 교육관이 감탄스럽다.

위대한 스승 이순신! 워싱턴의 "이순신 한국정신 역사 인성교육"이 활성화되어 내 개인의 이해보다 더 많은 사람의 이익을 우선으로 결정하는 정신을 우리 모두 실천함으로써 밝고 공정한 가치를 지향하는 사회가 되기를 고대한다.

이순신 통합의 리더십을 보다

–「명량」, 무엇을 보고나서

개봉 이후 한국영화 사상 신기록 돌풍을 일으키고 있는「명량」이 드디어 우리 곁으로 다가왔다. 참 반가운 일이다.

그동안 외국영화가 갖고 있던 최고 기록을 갱신했다는 점도 반가운 일이지만, 한국역사 위인 중 단연 최고의 추앙을 받는 충무공의 복습 기회가 새로운 조명과 첨단 그래픽 기법으로 재미를 가득 싣고 돌아왔다는 것이 더욱 그러하다. 그러면 이 영화를 가장 잘 보는 관극법은 무엇일까? 생각해볼 필요가 있다. 보는 방법에 따라 소득이 크게 다를 수 있기 때문이다.

이「명량」을 바로 보기 위해서는 두 가지 눈으로 볼 수 있어야 된다고 생각해 본다.

첫째, 빛과 모양을 보는 "생체적인 눈"이다. 이 눈의 시력이 좋아야 영화가 담고 있는 현란하고 박진감 넘치는 스펙터클을 바로 볼 수 있기 때문이다.

둘째, 시각적으로 직접 나타나지 않는 숨은 진실과 메시지를 보는 "마음의 눈"이다. 이 눈이 좋으면 영화 관람의 소득은 엄청나게 확대될 수도 있고 그렇지 못하면 빈탕을 보게 된다. 특히 이순신 영화에 있어서는 생각하는 마음의 눈이 절대 필요하다. 이 영화가 다루고 있는 대상인 이순신은 내면에 담고 있는 완성된 인성의 표본이 생명이기 때문이다. 즉 생체적 눈만으로는 바로 볼 수 없는 대상이라는 뜻이다.

영화의 첫머리를 보면, 부하의 장졸들이 칠천량 패전의 공포에 휩싸여 전쟁불가론을 주장하는 장면이 클로즈업 된다. 주조자는 원균 수하에서 판옥선 12척을 이끌고 미리 도망쳐 나온 경상우수사 배설이라는 기회주의자이다. 이 장면을 통하여 영화가 말하는 것은 명량해전을 앞두고 가장 크고 절박한 이순신의 해결 과제가 전투의지의 회복과 사기진작이었다는 의미이다. 영화에는 언급하지 않았지만, 난중일기에 의하면 9월 16일의 명량해전 일주일 전인 9월 9일 '중양절'이라는 음력 절기를 맞아 그 숨 가쁜 시점에서도 제주에서 기증받은 소 다섯 마리를 잡아 군사들을 배불리 먹였다고 기록하였다. 이는 군중의 공포 분위기를 이순신 자신의 태연 느긋함으로 해소하고자 하는 심리적 리더십이라고 할 수 있다.

다음 장면으로는, 칠천량에서 구사일생으로 살아 돌아온 젊은 병졸이 그 끔찍했던 참상을 전하며 차라리 자기를 죽여 달라고 울부짖는 장면이다. 그러자 이순신은 지체 없이 칼을 뽑아 그 병사의 목을 친다. 얼핏 이순신이 인정 없는 냉혹한 지도자 같지만 대소경중 급완을 분명하게 분별하는 공의, 고뇌를 읽을 수 있다. 아들 '회'와의 부자간 대화 장면 중, 이순신이 충성의 대상은 임금보다 국민이며 국민이 없이는 나라는 있을 수 없기 때문이라고 공의 숭고한 대표 덕망인 민권의식을 표출한다.

그 다음 장면으로는 자기의 백의종군 때문에 안타깝게 객사하신 하늘같은 어머니 변 씨의 위패에 절하며 회한의 넋두리를 하는 모습이다. 여기에서의 교훈은, 이순신의 지극한 효성과 "나의 사정"과 "나라의 큰일"을 엄격히 분리 대응하는 이순신의 모범적 공직자 상을 볼 수 있다. 이순신 개인적으로는 목숨을 다해 싸워 나라에 충성을 다했으나 고문과 사형의 위협, 백의종군이라는 최악의 굴욕이 어머님의 죽음과 겹친 일생 최대의 불운 속에서도 공적인 입장으로는 온갖 어려움과 불가능을 이겨내며 나라 지키기에 온 힘을 기울여 불가사의한 승리를 이룩하였다.

판옥선상 장면에서는 그 크고 무거운 목선을 오로지 체력에 의한 노 젓기로 추진할 수밖에 없었던 어려움을 400여 년 시차로 인하여 인지하지 못했던 우리 선조들의 피나는 고난을 볼 수가 있다. 판옥선 위의 전투 장면에서는 청룡도를 휘두르는 중 혜희를 위시한 중들 의병 집단과 전투 중 언덕에 올라 마음 졸이며 싸움을 지켜보다 울고 환호하는 피난 백성들의 모습에서 그리고 양식과 의복을 거두며 이순신 수군의 군량과 추위 막음을 지원한 국민 총력전의 감동을 볼 수 있다.

13척 대 133척, 감히 말이 되지 않는 불리함을 극복하고 세계 해전사의 기적 "명량대첩"을 이룩한 바탕에는 국민을 첫째로 생각하는 통합의 리더십이 있었음을 가르치고 있다. 이것이 바로 우리 모두가 충무공을 숭배의 대상을 넘어 끝없이 공부하며 나아가야 할 충분한 이유라고 할 것이다.

이런 한인 커뮤니티센터를 꿈꾼다

올해는 이민 112주년이 되는 해이다. 100주년 행사를 마친 것이 엊그제 같은데 세월이 또 그렇게 지나갔다. 100년이 넘는 그 긴 세월을 지나오는 동안 미주한인 사회의 중심지로서 우리 커뮤니티도 크게 성장했다. 지난번 버지니아 주에서 동해 병기 업적을 이루어낸 일은 우리의 자랑스러운 발자취였다.

하지만 무엇인가 늘 아쉬움이 남는 것이 있다. 그것은 우리 워싱턴 동포의 보금자리 역할을 할 커뮤니티센터를 갖고 있을 때가 되었는데… 하는 점이다. 그것이 어디 나만의 꿈이겠는가? 나는 꿈을 꾸고 있다.

마틴 루터 킹 목사님은 링컨기념관 앞에서 "나에게는 꿈이 있다"라고 말씀하셨다. 나의 꿈을 감히 어떻게 거기에다 견주겠는가? 마틴 루터 킹 목사님보다는 아주 작은, 아주 소박한 꿈을 나는 갖고 있다. 그 꿈은 이렇다.

장소는 우리 한인들이 자주 모이는 커뮤니티의 중심지이다. 한국을 상징하는 높다란 대문을 통해 들어가면 넓은 주차장이 마련돼 있고 그 정면에 그리 크지는 않지만 시원하고 예쁜 5층짜리 건물이 나타난다. 건물의 양식은 한국의 고전미와 서양의 현대미를 조화시켜 얼핏

보아도 거기가 코리안 커뮤니티센터임을 쉽게 알 수 있다.

1층에 들어서면 크고 작은 두 개의 극장이 마련돼 있는데 큰 것은 미국과 한국의 국경일 같은 기념식과 국제회의를 열 수 있도록 이중 언어장치도 갖추어져 있고 작은 것은 연극이나 음악, 무용, 영화 등 문화행사를 공연할 수 있는 아담한 소극장 형태로 만들어져 있어 거기에 가면 1년 내내 한국 예술을 관람할 수가 있다.

2층은 각종 전시실로 꾸며져 있는데 한국도서전시실과 정기간행물실, 이민사박물관, 한국상품 전시관, 한국문화와 홍보용 영화상영실 등이 있다.

3층은 주로 강의실과 상담실이 있다. 교포사회의 지도자와 자원봉사자들을 양성하는 단기 교육기관을 만들고 한글과 한국문화는 물론 영어와 새로운 기술교육, 경영과 국제무역 등을 가르치는 성인교육도 병행한다. 그리고 이민 정착을 돕는 직업안내와 가정 및 교육상담소도 운영한다.

4층은 한인회를 비롯한 각종 한인봉사단체들이 들어가게 되고 5층은 한국 전통음식점과 태권도 도장, 기원, 당구장, 노래방 등이 있다.

해외동포가 가장 많이 살고 있는 미국이고 그 미국의 중심지인 워싱턴 DC에 이런 정도의 문화회관은 진작 있어야 했던 것이 아닐까? 물론 한국정부가 운영하는 한국문화원이 있고 신문사가 대여하는 조그만 강당이 없는 것은 아니지만 동포들의 정신적인 중심지가 되며 다목적 동포센터 겸 우리들의 공연장이 없다는 것은 문화민족으로서 분명 수치스런 일이다.

먹고 살기 바쁜데 그런 것이 뭐 필요하냐고 할 수도 있다. 하지만 이제는 제대로 먹고 살기 위해 그런 것이 필요하며 우리 이민자들의 생활을 한 단계 끌어올릴 필요가 있기에 더욱 정신적, 문화적인 구심점이 절실하다는 것이다.

공연시설과 놀이마당 못지않게 우리들의 교육기능이 필요한 것은 자라나는 세대에게는 한국인으로서의 정체성을 확립시켜주는 좋은 교육의 현장이 될 것이기 때문이다. 뿐만 아니라 해외동포 사회의 중심지로서 미주만이 아니라 전 세계에 흩어져 있는 해외의 젊은이들, 나아가서는 장차 이곳에 오게 될 북한의 유학생들까지를 포함해, 그들에게 바른 조국관과 조국의 문화를 심어주며 미국인들을 비롯해 다른 문화권의 사람들에게 한국문화를 접할 수 있는 공간을 제공하는 기능을 하게 된다.

그러함에도 불구하고 우리가 지금까지 이러한 중심장소를 갖지 못한 것은 그 첫째 이유가 우리의 경제적 취약함 때문이었고 두 번째는 우리 한인들의 응집력 부족 때문이었다. 그러나 이제는 할 수 있다고 확신한다.

나의 꿈이자 여러분의 꿈인 이 일은 오늘을 사는 우리들 세대를 위해서만이 아니라 한민족의 내일을 내다보는 훌륭한 사업이 될 것이라고 믿어 의심치 않는다. 이것은 나의 꿈이자 여러분의 꿈이라는 것을 안다.

우리들 세대를 위해서만이 아니라 한민족의 내일을 내다보는 우리 모두의 꿈인 훌륭한 역사적 유업이 이루어지기를 기원해 본다.

헌법 재판관 김종대 기사를 읽고

지난 4월 28일 충무공 탄신기념일을 기려 하루 전인 27일 1310 기쁜소리 방송의 초대석에 초대를 받아 <이순신과 한국교육의 완성>이라는 주제로 대담을 가진 바 있었다. 이 자리에는 미주지역에서 이순신 전도사를 자임하고 계시는 이내원 이순신 숭모인도 함께 했다. 이내원 님의 이순신 장군에 대한 풍부한 지식과 재미있는 일화 소개 때문인지 청취인 지인들로부터 내용과 진행이 아주 좋았다는 격려의 전화를 받고 보람을 느끼고 있었다.

그런데 5월 8일과 10일에 우리 지역의 양대 일간지에 경쟁이나 하듯이 이순신의 관련기사가 연달아 게재되었다. 그중 하나는 임진왜란 말기 명나라 수군의 합류를 전후해서 쓰신 것으로 보인다는 "이순신의 친필서신이 새롭게 발견되었다"는 기사가 사진과 함께 비중 있게 보도된 바 있다. 이에 대해서는 이순신의 인성교육 운동을 지지하고 참여해온 필자로서는 새로운 자료의 발견을 반기는 마음 이외에 현재로서는 언급할 것이 없다.

그러나 한국일보에서 지면 전체를 할애하여 전재한 일명 '이순신 전도사' 김종대 헌법 재판관의 인터뷰 기사는 많은 것을 생각하게 하는 동시에 '공감', '안도', '미련'이라는 단어들을 떠올리게 했다.

첫째, 공감이라고 말하는 이유는, 지난 2004년부터 우리 워싱턴문인회에서 특히 자라나는 후세 동포 어린이들의 인성교육을 이룩하고자 5년 연속 시행하여 미전역 1천여 한국학교의 10만에 가까운 학생들에게 이순신 글짓기를 통하여 이순신 본받기를 독려한 바 있다.

지난달 초대석에서 말한 필자의 요지 또한 현대교육이 해결하지 못한 인성의 결핍증 곧 묻지마 살인, 학생 왕따, 폭행 및 자살 등은 인성 실종의 불치병을 충무공의 인간애, 공익정신, 효심, 책임감, 준법정신, 부지런함, 창의력 등을 고루 갖춘 우리의 고유모델 이순신 본받기로 치료하자고 호소한 바 있다.

김종대 헌법 재판관이 충무공에게 몰입하는 이유가 충무공이 "병든 세상을 고칠 약재"라고 인성교육의 사표임을 설파하고 마지막으로 어린이에게 이순을 바로 알리고 가르칠 이순신 학교를 서울, 여수, 한산도에 세우는 것이 꿈이라고 하였다.

우리 워싱턴 사회가 이미 8년 전부터 시행해온 이순신 문학상 및 이순신 교육운동이 올바른 방향이었음을 확인해주고 있기 때문이다.

둘째, 안도라는 표현을 사용하는 이유는 나 자신이 이순신 문학상 및 교육운동에 전적으로 공감하여 주동적으로 참여했지만, 한국보다 훨씬 앞서 나아가다 보니 우리들의 이순신 규명해석이나 교육주제화가 과연 적절한 것인가 하는 의구심이 날 때도 있었다.

이번 기사로, 또 작년에 샌프란시스코에서 미주 한국학교육 학술대회에 연사로 참여한 본국 교육전문가 두 분 교수께서도 현대교육의 과제는 인성교육에 달려 있다는 결론까지 회상되어 우리 워싱턴의 선진적 이순신 문학상 및 교육운동이 무척 잘한 일이었다는 확신을 갖게 되었기 때문이다.

마지막으로 왜 미련이 남는가?

한국의 유수한 지도층 인사가 이제야 이순신 인성교육 학교를 설립하는 것이 "꿈"이라고 희망을 피력하는데 반하여 우리 워싱턴 동포사회는 이미 8년 전에 이순신 문학상을 통한 "이순신 정신과 인성교육"을 실천한 실적으로 볼 때 본국보다 오히려 10년을 앞서가고 있었다. 그러나 아쉽게도 이 문학상이 미 전국화를 이룩한 5회 만에 막을 내렸으니 어찌 미련이 안 남겠는가?

김종대 재판관의 말대로 이순신의 대표적 정신의 하나가 공익적 판단, 즉 내 개인의 이해보다 더 많은 사람의 이익을 우선으로 결정하는 정신을 우리 모두 실천하여 밝고 공정한 가치를 표상하는 사회와 함께 위대한 스승 이순신의 인성교육이 활성화되기를 바라는 마음이다.

잠자는 한인 투표권 누가 깨우나

한인 후보자가 출마하고 있는 중요한 지역선거가 임박했는데도 대부분의 한인 유권자들은 자기들이 거주하고 있는 지방자치단체의 선거에 별로 관심을 두지 않고 있는 것 같다.

투표참여는 해도 그만 안 해도 그만인 선택사항이 아니라 반드시 행사하여야 할 민주주의의 기본 권리이며, 국권의 바탕인 국민으로서의 필수 의미이자 참정의 귀중한 권리인 것이다. 내가 내고 있는 세금이 제대로 쓰여지고 있는지 감독하고 또 나에게 최대한의 이익이 돌아오게 하는 것도 투표로 통해서 이루어진다.

일본 정부의 집요한 방해 공략에도 불구하고 일제의 반인륜적 범행을 만천하에 규탄한 미 의회의 위안부 결의안 통과, 일본군에 의한 여성들의 인권유린을 침묵으로 꾸짖고 있는 평화의 소녀상 건립운동, 최근에 일어나고 있는 동해 병기안의 지지 확산 등도 투표권을 가진 한인들의 정치적 신장에 힘입은 바 크다고 하겠다. 그런데 이처럼 눈에 보이는 보장된 성취의 길을 알면서도 이 길에 참여도가 낮아서 반쪽의 수확밖에 거두지 못하는 안타까운 현상들을 반성하고 대책을 세워서 행동으로 옮겨야 할 때이다.

요즈음 세계 인구의 0.12%에 불과한 유태인들이 노벨상을 휩쓸고 있으며 세계 정치의 막강한 배후세력을 형성할 수 있는 것은 그들이 세계 어느 곳에 살아가든지 유태인이라는 민족 정체성의 탯줄을 끝까지 놓지 않으면서 끈질기게 높은 곳으로 지향하는 발돋움의 노력 때문이라고 생각된다.

최근 한 언론의 세계 지역별 투표율에 의하면 한국, 일본, 미국은 40~50%선이고 유럽 선진국은 80%에 이른데 반해 유태인들은 90%이다. 이 예만 보더라도 유태인들이 세계를 리드하는 이유의 설명이 되지 않을까? 이에 반해 제2의 유태인이라고 자부하는 우리 한인들의 투표율은 그들의 절반에 불과하니 많이 반성해야 할 부분이라고 생각된다. 말하자면 사업에서는 유태인처럼 열성을 다해 노력하지만 집단 민족자위권 추구에서는 부끄럽게도 전혀 따르지를 못하고 있다.

그렇다면 우리의 대책은 무엇일까?

우리에게는 하자 하면 해내는 집단적 새마을운동의 성공 사례가 있으므로 선거가 있을 때마다 파상적으로 집중 가동되는 범 동포 투표 참여 운동본부를 결성하고 산하에 있는 한인회, 한인재단, 한국학교, 종교집단, 신문, 방송, TV 등을 연계 조직하면 총체적이고 효과적인 투표참여 운동기구가 이룩될 것이다.

근래에 모 방송사가 한인들의 투표참여를 독려하는 내용을 기쁘게 들은 바 있는데 이와 같이 한인언론기관들이 투표참가를 호소한다면 투표율 배가운동에 좋은 시발점이 될 것이라 본다.

한인 투표율 80%, 이는 미주한인의 절박한 생존수단이다.

우리 모두 투표에 적극 참여하여 자유시민의 권리행사는 물론 참정의 의무도 수행하면서 여러 민족으로 이루어진 이 미국사회에서 우리의 위상을 드높이고 정치력을 집결한 시기이다.

「아를의 반 고흐의 방」

인상파 화가 반 고흐의 작품「아를의 반 고흐의 방」은 언제 보아도 나의 눈물샘을 자극한다.

1인용 침대 하나와 두 개의 의자, 물병과 컵을 올려놓을 수 있는 탁자 하나가 전부인 작은 방, 침대 옆 벽면에 걸린 두 개의 액자가 전부인 방안 풍경을 묘사한 작품이다.

노란색을 주색으로 사용한 이 작품이 현대인들에게 관심을 끌고 있는 것은 이 작품의 구성이나 색채 구성 등 작품성에 있는 것이 아니라 가난과 절망으로 자신의 귀를 잘라야 했을 만큼 불우했던 시절의 자신의 방을 묘사한 것으로 미술평론가들은 말하고 있다.

그러나 이 작품이 밀레 등 당시의 인상파 화가들이 대중에 영합하거나 대중을 감상적으로 만드는 즉, 무언가 교훈을 주려던 작품 경향에서 떠나 있었기 때문일 것이라고 생각해 본다. 교육도 특히 한국어교육도 마찬가지이다. 학생들의 인기에 영합하거나 그들에게 일방적으로 교훈을 주려고 하거나 일방적 지식 전달을 시도할 때 학생들은 흥미를 상실하게 되고 그 교육은 효과를 거둘 수 없게 될 것이라고 생각한다.

그래서 현대교육에서는 교사가 교육의 주체라고 말하지 않는다. 또

교육을 교사라는 성숙자가 학생들에게 자신이 가진 지식을 단순히 주입하고 전수하는 작업이 아니라고도 말하는 이유가 여기에 있다.

이 문제를 이민 1.5세나 2세들의 한글교육으로 가져오면 더 심각한 고민에 빠지게 된다. 미국 사회에서 태어나 미국 교육을 받으며 성장해가고 있는 그들에게 한글교육 더 나아가 역사와 문화교육을 이야기할 때, 부모들이 생각하고(강요하고 있다는 표현이 더 적절할지도 모름) 있는 정체성 확립이나 뿌리교육은 "so what?"이라는 질문에 봉착하게 된다.

"그래서 어쨌다는 거예요?" 요즘 이 문제가 나를 고민에 빠지게 한다. 한국학교의 한글교육과 역사, 문화를 포함한 정체성 교육을 성공적으로 이끌어갈 커리큘럼의 개발과 교육의 주체인 학생들이 자발적으로 흥미를 가지고 참여할 수 있는 프로그램은 무엇일까 하는 것이다.

아마도 반 고흐가 그랬던 것처럼 내 자신의 귀를 잘라내는 고통의 공간, 그 방이 필요할지도 모른다. 그래서 반 고흐의 「아를의 반 고흐의 방」은 내게 있어서 언제나 현재시제로 다가선다.

한국어 교육의 과정이 「아를의 반 고흐의 방」과 같이 고통과 시련을 극복하려는 인내와 끈기를 가지고 장인정신으로 2, 3세들에 대한 한글교육에 임할 때 교육의 성과가 이루어질 것으로 확신한다.

정 영 희의 시

유림 정영희 약력

- 1942년 서울 출생
- 1965년 중앙대학교 약학대학 졸업
- 1966년 약국 경영
- 1972년 미국 이주
- 1974년 펜실베니아 교육국 약학수료증
- 1976년 미 연방 육군병원 약국 근무
- 2010년 월간 『조선문학』을 통해 수필 등단
- 2011년 순수문학 재등단(시부문)
- 2012년 해외문학 재등단(시부문)
- 2012년 수필집 『사랑과 행복』 출간
- 2012년 조선문학 작품상 수상
- 전 워싱턴문인회 · 윤동주문학사상 선양회 · 동양정신문화연구원 회원
- 전 미주문예동우회 수석 부회장
- 전 미주 워싱턴한인재단 이사
- 가사모(가곡을 사랑하는 모임)회원
- 현 약사회 · 워싱턴복음합창단 회원
- 현 아름다운 여인들의 모임 이사
- 현 중앙부동산 대표
- 현 중앙결혼정보센터 대표
- 현 워싱턴창작문학회 회장
- 조선문학 미주지역 편집위원

■ 시

눈이 내린다

눈이 온다, 함박눈이 내린다
하늘에서 내리는 하얀 천사들
훙겨이 춤을 추며 온 세상을 하얗게 뒤덮는다

길과 잔디밭, 지붕 위에 내리는 눈
앙상한 가지 위에 사뿐히 앉아
눈꽃잔치를 이룬다

더러운 곳
깨끗한 곳
백설이 만발한 온 세상에
둥근 달이 떠올라 하얗게 미소 지으며
방아 찧는 토끼가 사뿐히 안기는 듯…

3월의 눈

너무도 눈이 자주 내린다
마지막 눈이면 좋겠다

양지바른 언덕 아래 봄은 속삭이고
연록의 새싹들이 나를 불러 손짓하는데

소복이 쌓인 눈 때문에 봄 향기는 멀어져 갔고
얼어붙은 내 품에서 눈물로 허공을 헤매네

공간을 배회하는 들녘에 사린 햇살 밟으며
제자리 찾으며 봄이 오는 소리 가까이 들리누나

어느 여름날

말없이 돌아가는
회전 전기부채

무엇이 그리 못마땅해서
좌우로 머릴 저으며
종일 도리질일까

필시
땀에 젖은 짜증이거나
짜증으로는 풀어버리지 못하는
심술은 아닐지

땀의 한때를
전기부채로 날려 보내며
끝내
날려버리지 못하는 가슴엣것
머리 흔들어 털어내 본다

물러서기

다투어 추월하기가 아니면
가로지르기
지름길로 접어들기가 예사인데

한걸음 뒤로 물러선다는 것은
보기에 따라서는
못나고 별 볼일 없는 것이 된다

허나
앞만 보고 간다는 건
외길만 고집한 것이 된다

세상 살아간다는 것이
어찌 외길 뿐이겠는가
옆도 보고
뒤도 돌아보고 위도 아래도
두루 보며 가는 것이
세상살이가 아니던가

비웃지 말 것이
물러서서 사는 것이
한발짝 더 나아가기 위한 삶이란 걸 알면
비웃을 일이 아닌 것을…

비가 내리다

맞아도 맞아도 젖지 않는 몸과
맞지 않고도 젖어버린 가슴으로
빗속을 가다

어느 날의 먼 추억 하나 동행하고
우산 없이 가는
젖지 않는 몸과
젖어버린 가슴으로 돌아가는
어늬 귀로

고향 멀리하고
혹은 잃고
돌아가지도 돌아오지도 못한
타향살이들의 사향이 비가 됐나

비가 되어
돌아가고 돌아오는
고향 나들이
젖지 않고도 젖은 마음 하나가
귀향 중이다

안개

밤새 조용히 엎드리어 기도하는 안개가
하나님의 은총 입고 온갖 만물을 살살 녹여
그지없는 청아를 만든다

안개는 산을 감았다 풀었다
삼켰다 토했다
체증앓이가 한창이더니

하나님이 던져주신 성령의 황금 알약
받아 삼키곤
이내 서둘러 승천했다

살그머니 날아가는 안개 속에
이 세상 더러운 모든 잡것과
내 마음의 질투심과 욕심도 함께 들어 올려다오

나무

나무는 서서 키로 말한다
키의 높이로 세월을 읽는 이만이
나무의 생명력을 볼 수 있다

나무는 존재 자체인 직립으로 말한다
나무의 키와 높이는 곧
나무의 존재이고 생명이며 언어이다

나무를 볼 줄 아는 이는 세월을 감아올린 높이로
나무의 나이테 없어도 생명을 읽을 수 있다
서 있는 것이 곧 나무의 삶 자체이기 때문이다

서 있는 것이 곧 삶이고
삶을 키로 세워 키우는
직립으로 키우는 꿈
자빠져 꾸는 꿈과는 본질이 다르다

나무의 언어를 귀동냥할 수 있는 이만이
나무의 생을 읽을 수 있다
말하지 않고도 언어가 되는 수직직립
그것 하나로도 나무의 존재 이유는 충분하다

내가 원하는 삶

1. 그날 그날 특히 오늘에 충실하자.
2. 사적인 얘기는 하지 않는다.
3. 마음속으로 항상 노래를 부른다.
4. 하나님의 뜻대로 살기를 원한다.
5. 항상 사랑의 미소를 잃지 않는다.
6. 성실하고 신뢰할 수 있는 인격의 소유자가 되자.
7. 착하고 신의를 지키는 참된 사람으로 살자.
8. 온유하고 순탄하며 밝고 풍요롭고 원만한 자가 되자.
9. 타의 허물에 대해 말하지 않고 타의 장점만 보자.
10. 잘하는 일, 좋아하는 일에서 보람을 느끼며 살자.

목련

간밤
꼬리잘린 유성이 떨어지다
가지에 걸린 것일까

아니면
꽃구경 나왔다 돌아가지 못한
천사가 떨어뜨리고 간 흰 손수건일까

가지마다
손수건 접었다 폈다
부챗살 펼쳐들고 추는
선무

하늘나라 잔칫날
선녀들의 군무가 저러할까
나무째 가지째 꽃잎으로 펼친 춤사위의
봄나절
꽃잔치

꽃

피고
지는
아름다움과 추한 모습
꽃의
두 얼굴

꽃향기에 나비춤은 없지만
꿈속에서 오신 님
혹시나 오실까 눈을 뜬다

낙화를 모르나니
그대
항시
피어 있는
꽃

조 금 선의 시

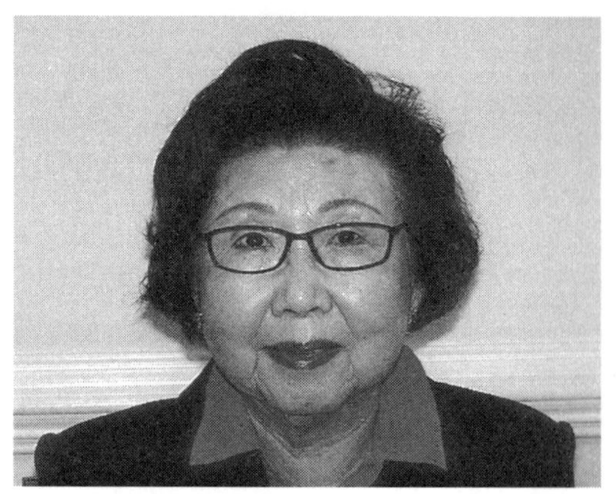

차헌 조금선 약력

- 1935년 서울 출생
- 1953년 숙명여고 졸업
- 1979년 미국 이주
- 1979년 Hajaco Co. 경리로 근무
- 1981년~2000년 미 국방성 근무
- 2010년 여류수필가협회 회원
- 2013년 해외문학 시부문 당선
- 2013년 워싱턴창작문학회 회원

■ 시

그 사랑 안에서

흐르는 세월의 연못가에서
잠깐 발을 멈추고
오던 길을 뒤돌아보며
녹아난 듯한 고독감에
높은 하늘을 쳐다보니

세월의 흔적 속에서
사랑의 진주꽃 되어
토양의 깊이 뿌리 내려
영롱한 예쁜 기억들이
황홀한 봄 잔치로…

뼈를 녹이는 아픔들이
향기로운 추억 되어
그 사랑 안에서
어여쁜 보랏빛 꽃피어
온 누리에 햇빛 되리

눈부신 새해 아침

눈부신 새해 아침의 햇살
붉은 해가 힘차게 솟아오르며
재잘대는 환성의 예쁜 새소리들
생명의 새해의 찬가 되어
온 만민의 가슴으로 여울집니다

아득하기만 하던 지평선도
마주 뛰는 가슴에 다가와서
그 미소의 속삭임으로
닫혔던 만민들의 가슴을 두드리는 듯
감격스러운 소망의 첫걸음!

미처 몰랐던
짧은 삶의 한 갈피 속에서
꽃잎에 맺힌 초롱초롱한 이슬같이
찬란한 소망의 새 아침

해묵은 창살들을 부수고
절망의 울타리를 모두 허물고
거친 물살을 가르며
그 나라의 의의를 향해
기쁨으로 힘차게 가는
만민의 새해 아침이 되게 하소서…

길고 긴 여정

처음 등 가방 메고 등교하는 길은
나래 단 요정의 기쁨이었지
새 운동화 신은 날 행복은
일곱 난장이의 공주였지

삼단머리 양 갈래
고운 소녀의 부푼 꿈
파멸의 전쟁으로 조각난 무지개꿈

세월 속에 꿈을 접고
험한 세상 헤쳐가며
새 천지 밟는다고
정든 고향 등지고
어린 자식 손잡고
수륙천리 바다 건너
물설고 낯선 땅 이민 온 미국 땅

광야천리 넓은 땅
내 설 땅 한 평 없는
삭막한 벌판에
팽개친 강아지처럼
외롭고 곤고한 살림

어언
십년, 이삼십년 긴 세월
주님 한 분 사랑 있어
넘치는 감사로
남은 여정
천국 길 바라보며 믿음으로 살아가리

소망

흘러간 모든 시간들
무척이나 아끼고 살았건만
어느새
녹음이 짙어져 가을로 간다

기암(奇巖)에 기대선 고목은
번뇌와 고독의 세월을 말하듯,
이름 모를 풀벌레의 울음소리마저
슬프게 세월의 아픔을 노래한다.

간밤에 억수 같이 내린 비는
세상 죄를 씻어주듯,
또 멍동은 어김없이 새벽을 깨우고
하루의 시작이 희망으로 가슴을 두드린다.

이제
남은 세월일랑
웃음도 눈물도 다 내려놓고
그 나라의 의를 향해
영생의 소망을 속삭이고 싶다

새벽 봄 동산

눈비 섞어 치는
꽃샘에도
꽃은 피었었다
봄은 꽃피우는 일 하나로 버틴다

담장 너머
어느새
포동포동 살찐 노랑개나리
가지에 소망으로 피었다

이른 새벽
함초롬히 이슬 먹은 길 걷노라면
새싹이 움트는 소리
내 가슴을 두드린다

새벽 봄 동산에 오르면
상큼한 새 공기와
새싹이 트는 소리의 하모니로
하루의 삶을
상쾌하게 열어준다

사랑의 등불이 되어

인생길 가는 동안
사랑의 등불 되어
칠흑의 노도(怒濤)를 항해하는
일엽편주 비춰주리.

모딘 세상 풍파에
지친 영혼에
사랑의 카네이션 되어
상처 입은 가슴에 꽂히리.

바위틈에 피어나는
작은 풀꽃에
사랑의 이슬 되어
외로운 영혼에 생명수 되리

죄로 얼룩져
죽어가는 영혼에
주님의 사랑으로
생명의 강이 되리

슬픈 단풍잎

한 잎 단풍이
달빛 먹은 창을 노크한다

슬픔에 젖은 가슴에
송알송알 이슬로 맺힌
애수를 품고
떠나온 먼 길을 회상한다

유년의 싱싱한 푸르름에 교만하고
윤기 있는 젊음을 뽐내다가
한줄기 바람에 여지없이 떨어지는 슬픈 낙엽
인생의 무상함이
저 단풍낙엽 아닌지
오늘도 내 삶
겸손 앞에 무릎 꿇고 싶어라

진주성

수평선 너머 너머
곱게 피어나는 봄 향기는
황홀한 물살들이 흐르듯이
하얀 추억들이 나의 가슴을 두드리네

물보라를 예쁘게 일으키며
자꾸 자꾸 다가오는 작은 미소의 여울들은
솟구치는 추억들이 파도처럼 몰려오고
잊어버린 꽃구름이 뭉게뭉게 떠오르네

소박한 드높은 소망들이
어울려 있는 네 마음에
조용하고 고운 모습으로 덮은 채
연분홍 미소의 희생이 되었네

잠재한 그 아름다운 꿈들이
세월의 깊은 흐름 속에서도
시간을 멈추고 뒤돌아보면
오랜 무릎의 징검다리가
하늘 진수성에 축복이 되었네

갈잎 소리

소소소
소소소…
갈잎 소리
방황한다.

잎잎이 속삭이는 얇은 소리
가을을 보내는 한숨 같다

갈바람에
게눈 감추기 바쁜 갈게
바닥난 갈밭 할퀴니
은빛 머리 흔들며
갈잎 설움 깊어라

소소소
소소소…
얇은 갈잎 소리
시나브로
이 맘도 서글프게
갈잎 소리 따라간다

푸른 여름 밤

녹음이 가득한 푸른 여름 밤
고독으로 적막한 한구석엔
설핏 바라만 보아도
어설픈 외로움으로 미소 지으며
언젠가 떠난다는 약속이라도 한 양
흔들흔들 밤이 깊어지고 있습니다.

저 너머 담장 뒤에서는
어디론가 가고 싶어 우는
이름 모를 새들의 이별곡들이
서글프게 애절하게 노래부르며
살며시 떠나는 그 예쁜 새들의 모습

그 언젠가 떠나야 할 우리 인생들
설핏 바라만 보아도 잘 안다 하지만
흘러가는 시간 속에서 모두 무력해지는 듯
그래도 한 떨기 활짝 핀 수련화 되어
하늘의 보화를 예쁜 꽃으로 피고 싶네

당신의 이름을 불러
내 눈물의 감사를 호소할 수 있지만
오던 길 뒤돌아보면
부끄럼과 수줍은 것들만이 가득하여
그저 무릎으로 말없이 침묵하고 싶습니다.

산길에서

꼬불꼬불한 산길에서
풀냄새가 가득하다.

하늘 높이 치솟은 나뭇가지에
바람 따라 새들이 춤을 춘다.

오솔길 사이사이 들꽃들이
무엇엔가 속삭이듯 미소 짓는데

내가 모르는 낯선 인생길에도
찬란한 태양빛이 방긋방긋 웃는다.

헤아릴 수 없는
당신의 무한한 신비함에

내가 가슴 깊은 심연에서
무릎을 꿇었다.

뒤뜰의 거목들

제멋에 겨워 우쭐대며 서 있는
뒤뜰의 거목들아 예약없이
찾아온 장맛비에 하염없이
무릎 꿇은 그대들

찬란한 단풍잎 선보이며
다가올 멋진 가을 꿈꾸더니
하염없이 용꿈을 저버렸구나

귀한 사랑 앞에서 겸손해지더니
오색 단풍 꿈꾸며 찬란한 가을
기대했는데 심술궂은 뭉게구름
장난기가 도졌구나

인간만사 하늘의 뜻인 것을
순종의 귀한 뜻 향하여 당신 뜻대로
살으리

그 긍휼의 손으로

이른 새벽의 새소리들은
소망의 노래인양
눈부신 햇살과 부딪쳐
청아한 기쁨의
새 아침을 이루건만…

우리들의 존재의 경이로움이
당신의 손의 보호 아래
어떤 보석보다
더 소중히
아름답게 피고 있지만…

창조주이신 주님 앞에
사랑하는 권속들이
아름다운 능력의 선물이 되어
쏟아지는 빛줄기처럼
두 손 모으고 있습니다.

그 사랑을 부둥켜안고
삶의 오솔길을
흔들거리며
외롭게 홀로 걸어가는
당신의 연약한 종이었기에…

인자한 긍휼의 손으로
그 능력의 손으로
그리고 사랑의 손으로
포근히 감싸주시기를
무릎을 적시고 있습니다.
사랑의 주이시어!

그대에게 드리는

그대에게 드리는
내 마음은
흘러가는 시간 속에서도
활짝 피어
아름답게
해맑은 꽃송이로 피고 싶네

그대에게 드리는
나의 예쁜 사랑은
슬픈 강가에서도
흔들리지 않고
찬란하게
진리로 빛내고 싶네

그대에게 드리는
나의 소망은
수평선 멀리에
솟아오르는

아침 햇살같이
아름답게
소중한 존재로 피고 싶네

그대에게 드리는
나의 마음은
마지막 골목길에서도
진리를 찾아
사랑하는 모두에게
여정의 등불이 되고 싶네

저무는 보랏빛 향기

숨결 고른 산허리에
남몰래 향내 터트리는
이름 모르는 꽃 타래 가슴 속에서
맑게 예쁘게 울려 퍼지는
보랏빛 향기…

지난 여름의 목마름은
고독의 서늘한 여음이 되어
푸른 하늘에 날려 버리고
은빛 햇살의 머무는 자리마다
열매 익어
꽃보다도 곱게 단풍이 지는
예쁜 계절…

산새들이 머물다 간 나뭇가지가
풀잎처럼 흔들리다가
떨어져 가는 시간의 잎새들

저무는 강둑 저편에도
그리운 한 폭의 추억을 남기고
희미한 안개 속으로 사라지는
애틋한 풀벌레의 울음소리들…

내 영혼 깊은 곳에
잠시 멈추어 서서
저무는 가을나무 슬기 앞에
두 손을 깊이 모아 하늘을 우러러 보았습니다

조 영 복의 시

조영복 약력

- 1936년 평남 평양 출생
- 수도여고 졸업
- 2008년 월간 『조선문학』에 시로 등단
- 2009년 워싱턴 여류수필가협회 회원
- 2012년 워싱턴창작문학회 회원

눈[雪]·1

설풍(雪風)은 협곡(峽谷) 사이
명월(明月)은 노송(老松)의 정처
기약 없이 흐르는 세월 속에
인생사의 고락(苦樂)
소리 없이 함박눈 소복소복
은빛으로 장식한 장엄한 대자연을 만끽
삼라만상(森羅萬象) 아름다운 절경
산책인듯 명상에 잠기며 감동
한 발자국 자국을 남기며 가네

눈[雪] · 2

밤새도록 펑펑 눈이 내리네
함박눈 폭설
정다운 새들의 노래소리 그립구나
울창한 송죽(松竹)
온 세상이 하얀 눈꽃 자연 아름다움
한 포기의 수채화의 설경(雪景)
인생살이 눈 내리듯
어언간 귀 밑에 백발
고독한 마음으로 사뿐사뿐 가네
하염없이 내리는 함박눈
숨도 안 쉬는 청결한 눈
사색에 잠기며
시(詩) 한 수를 읊었네

다시 찾은 봄[春]

파릇파릇 초목(草木)의 새싹이 돋아나면
봄눈이 녹는 소리 내 귀를 두드리고
졸졸졸 기약 없이 흐르는 냇물소리
생동감 넘치고 넘쳐 우주만물 약동해

청산별곡(靑山別曲)

청산별곡에 수많은 바위틈 사이
적막을 깨뜨리는 뜸북새 노래
처량하게 장엄(莊嚴)한
협곡(峽谷)에 메아리친다
수백 년 수천 년을 흘렀어도 절대 침묵
절대 침묵 지키는 그대
무한한 선망으로 바라본다

풍화작용(風化作用)으로 모습 바뀐 바위들!
대자연이 창출(創出)한
웅장(雄壯)한 예술품(藝術品)이다
만세(萬歲)에 길이 남을 걸작품(傑作品)
석화(石花)들
아름다움 몸소 자랑하는 대자연의 경관(景觀)이
오가는 등산객들
마음을 사로잡네

입춘(立春) 3월

쌀쌀한 입춘 문풍지가 윙윙…
봄바람 나무에 부딪치리
수양버들 비로소 싹 텄네
눈 비 바람 살랑살랑
은근히 자랑하는 고드름 조롱 조롱 조롱

버들강아지 한들한들 춤추네
적막한 연못가의 설경(雪景)!
인간들의 마음을 정화시키네
순결한 백설(白雪)은 은빛 세계로
희망에 찬 따사한 봄을 기다리네

라일락꽃

화창한 봄날
봄 향기 뿜어내는 라일락꽃님
솔솔 부는 봄바람
포근한 꽃망울들
푸른 하늘 찌를 듯이 굳건히 서 있네
믿음직한 포도 꽃송이
토실토실한 탐스러운 몽우리들
톡 쏘는 향기 흐뭇이 정원에 풍기네
고귀하고 순박한 보라, 자색(自色) 라일락
나그네들 마음을 흔드네
미덕(美德)을 간직한
향기로운 바이올렛!

석양(夕陽)

붉게 타는 석양
알록달록 무지게 꽂고
서산 저녁노을 넘어가네
말 한마디 없이 구름 속으로
소망 인생 다 버리고 곡절 없이 무한대로
고달픈 인생세파 속에서
인생의 적막감 고뇌
세월 흐름 인생행로의 허무감
처절한 모습들 그리며
한이 많은 한을 품고
되돌아오지 않는 세월 속에
과거를 그리며 빈 하늘만
황혼의 낭만 세계로

뱃사공

사시절(四時節) 대자연(大自然)을
만끽하는 뱃사공
춘하추동(春夏秋冬)
노 젓는 나룻배
바람 따라 강물 따라
세속 속에 인생도 흐르네
엄동설한(嚴冬雪寒)
백설(白雪)이 몰아쳐도
묵묵히 인내로써
사공을 무시하는 자(者)여!
그대 이름은 배신자(背信者)!

한가위

녹음방초(綠陰芳草) 어디메뇨
사색에 잠긴 황홀한 가을의 계절
우리 민족의 얼이 담긴
고유의 추석 명절
푸른 솔잎 따서 아낙네들 송편 빚네
붉은 태양빛 아래
오곡이 무르익는 가을을 만끽
올해도 풍년!
참새도 짹짹 누런 메뚜기도 한철
황금물결 벼이삭 만삭되어 농부들은
농부가 타령 꽹과리 치며 어깨가 들썩들썩
흥겹게 축제를 하네
마을사람들 풍요로운 수확 가을의 절정
아앗 어느새 둥근 보름달이 뜨네
경사스러운 '한가위'
싱그러운 가을을 보내며

백합(百合)

바위틈에 피어난 한떨기
고독한 백합화(白合花)
엄동설한(嚴冬雪寒) 인내로써
그윽한 봄 향기 뿜어
순결하고 고귀한 꽃님 백합화
겸손히 수줍어 고개 숙였네
봄은 인생의 새 출발의 계절
희망찬 새 봄
대자연을 만끽하네

지 영 자의 시

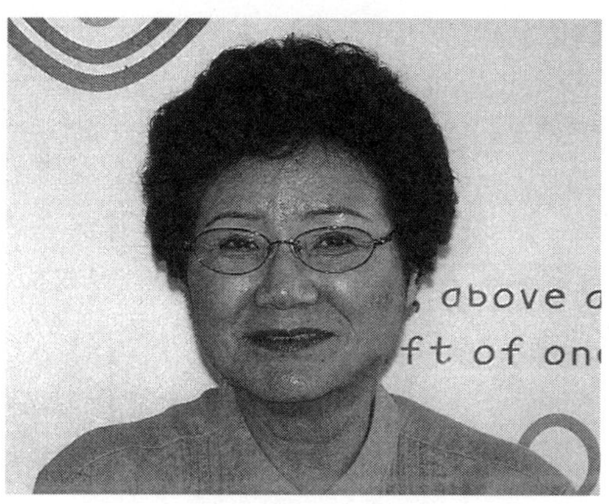

한울 지영자 약력

- 1941년 강원도 원주 출생
- 1962년 춘천 간호대학 졸업
- 1971년 미국 이주
- 1972년 필라델피아 Rolling Hill Hospital RN 근무
- 2004년 중앙시니어센터 문예부 회원
- 2004년 『그루터기』 공저
- 2009년 미주 문예 동우회 회원
- 2011년 해외문학 신인상 당선
- 2012년 워싱턴창작문학회 회원

■ 시

목련

앙상한 가지에 새하얀 미소
반기는 이 없어 타는 불꽃
사뿐히 화사한 꿈, 요정의 향기 되어 전하리

후두둑 후두둑 흐느끼는 비는
밤새 위로하는 소리

녹색 눈길 눈망울 봄의 화신
환희의 찬가 움트는 초록색 하늘

바람 불면 이별할까
찾아드는 외로운 파랑새

산 넘어 꽃샘님 오시기 전에
뒹굴다 날아간 학처럼

꽃 무덤 가슴에 창백한 사랑
아련히 다가서는 하얀 님 얼굴

가을비

잿빛 하늘
뽀얀 바다에 숨어버린 별
가을비 상념에 파도친다

가을비 속삭임에
국화꽃 실눈으로 미소한다

망각의 낙엽이 알몸으로 뒹굴고
가을비 억새풀 쓰담을 때
수줍은 가로등 빛
소녀의 꽃몽우리 엿보던
사랑의 세레나데를 지우는 하얀 가을비

9월

왕대추 얼굴 태우는 땡볕
한가히 장독대에 눈망울 굴리는
빨강 고추잠자리

코스모스 핀 가을 호수에 파란 하늘이 꿈꾸고
부잣집 큰애기 젖꼭지 추공(秋空)에 빤질 여문다

노랑 들국화 향기
빨강 추억에 입 맞추며
흘러간 로맨스의 피안을 날은다

따사로운 둔치에 팔베개 베고
잡힐 듯 보일 듯…
잃어버린 장미꽃 가시에 찔려
아픈 추억에 몸부림친다

9월의 하늘 아래
밤새 이슬 빨아먹고
노랑 사랑 토하는 행복한 해바라기를 질투한다

파랑새

패인 주름
돋보기 너머 가리운 세월

세모시 옥색치마
오이씨 버선발로 구르던 그네

보름달 박꽃 같던
파랑새 사랑

코스모스 질 때
소낙비 따라 슬피 가고…

그리움은
세월의 은빛 강에

날아간 파랑새 노래 안고
안개꽃 피우며 살아가리

들길에 서서

푸른 산 푸른 하늘
흰 구름 어울려 파란 가슴

산삼처럼 두 팔 벌려
대지를 품는 숭고한 인생

뼈저린 생활 속에
연약한 두 다리 젊음 산맥으로
푸른 산처럼 지구를 밟고 사는 기쁨

아··· 시나브로
곱던 백일홍에
어디선가 날아온 가을 손님

나비의 화려한 마지막 나들이 옷
세월의 그림자 속으로 날아간다

밤의 대화

어떻게 왔을까?

녹색 짙게 물든 밤
도사리 삶 깨워
숲 속에 쪼개지는 별빛에 담궈 본다
벌써 가을 단풍이 턱 앞에 다가 왔다
잎새 속에 묻어오는 바람이 살갗을 거슬린다

싱싱하고 파랗던 잎들 그립다
물레방아 같이 회전하는 세월
어느새 흘러왔는지
휘영청 밝은 달에 물어도
일야천야(一夜千夜)란다

인생의 걸어온 길 뒤돌아보니
기쁜 날보다 슬픈 날이 많은 것 같다
이 힘든 길 얼마나 더 가야 하니?
밤에 물어보니
밤도 모른다며
일야일야(一夜一夜) 웃으면서 살란다

5월

바람 부는 언덕에
푸른 꿈나무는 시달린다

가시 같은 슬픔 잊으려
거품을 토하는
파도는 광란한다

그래도
5월은
그리움이 몸살한다

빨간 카네이션
어머니
하얀 미소로 종이배 접어
5월의 강에 띄운다

코스모스

인적 드문 산기슭
유유히 산책하는 흰 구름
벗하고 다투어 피고 있는
코스모스 날씬한 키
산들바람에 발레리나가 된다

청순한 그 모습 시나브로
다가선 계절을 춤사위로
환영한다

이래도 한세상, 저래도 한세상이지만
짧고도 긴 한세상
진지하고 보람있게 지내야 하지 않을까?

사색의 가을이 외로운 나를
유혹한다

백일홍

백일 핀다고 백일홍인가?
매미의 울음이
백일홍을
고운 색깔로 덮는다

따가운 태양을 머리에 이고
빼곡이 여무는 씨앗 꿈이 야무지다

시나브로
초가을이 단풍에 묻어오고
어디선가 날아온 호랑나비 한 마리
사뿐
볕에 조는 백일홍 꽃잎에 나래를 접는다

여름은
매미 울음소리와
백일홍의 화음(花音)으로
타들어 간다

백일홍!
천일홍이면 어떠리?

해바라기

그리워
하얀 밤 새워
임 기다리는 맘 새벽이슬에 젖는다

땡볕 햇쪽에
코스모스 가을 노래 들으며
노란 행복을 알알이
가슴에 박는다

여무는 세월 속에
진주빛 꿈은
알알이 익어
파란 하늘에 겸손히 고개 속인
해바라기 가슴엔
맑은 햇빛 정열이 따스한데

그리움에 까맣게 타버린
내 가을 하늘은
지난 사랑의 미로에 얽혀
해바라기의 행복 앞에
하얀 구름으로 흩어진다

간 고등어

새벽닭 울기까지
깜빡 깜빡 조는 등잔불
돋보기 너머 바늘귀 씨름하시던 어머니

힘든 세월에
깊게 파인 얼굴
한 뜸
한 뜸
사랑을 엮어가는 긴 밤

걸음 따라 서걱서걱 삼베바람
살 벨 듯 풀 먹인 노란 삼베적삼 바지에
서슬 퍼렇게 새벽길 나선 아버지

뉘엿뉘엿 땅거미 밀려올 때
얼큰히 홍조 띤 아버지 손엔
새끼줄에 대롱대롱 눈 먼 간고등어도
술 취했다

낮에 나온 달

하늘하늘 가는 허리
코스모스 키 재기 하는 초가을
하늘을 품은 맑은 호수

어느새
고향을 그리는 내 맘
빨간 고추잠자리 등에 업힌다

쪼개진 흰 구름 사이를
길 잃은 낮달
고향 잃은 나 같이 외로워라

네 길 재촉하여
어머니 얼굴 같은
추석 대보름달 되어
밤하늘 높이 걸려
애수의 이 마음 비춰주렴

박 넝쿨

버린 땅에
절로 핀
한 폭 박 넝쿨

외롭게
폐가(廢家)의 담벼락을 기어오른다
넝쿨손으로
기를 쓰고 담벼락에 붙어 하늘을 향해 뻗는다

신부의 너울 같은 하얀 박꽃
숙녀의 순정 같은 박 속 키우던 넝쿨

어느새
녹색 넓은 잎은
작열하는 땡볕에 화상 입고
핏기 잃은 동맥은 털 가시로 이식하고
멀어져 가는 가을 하늘에
익어가는 박 덩어리
하이얀 웃음 익어간다

갈잎의 노래

달빛은 창가에 부서지고
사그락 사그락
갈잎소리 정겹게
옛이야기로 가슴에 스며온다

허공에 동그라미 그리다
떠오르는 임의 얼굴
그리워 하얀 밤 지새운다

추억은 낙엽에 붙어
바람에 밀려 떼굴떼굴 굴러간다

무슨 사연 놓지 못해
마지막 잎새 하나
앙상한 가지에 저리 떨고 있나

가을은
슬프게
슬프게 낙엽의 노래에 쌓여
겨울로 달려간다

가을

눈부시게 푸르른 날
그리운 사람을
푸르게 사랑하고 싶어 잎이 되었네

달빛 노래 어울려
밤새 지새는 소리
이슬로 꿈을 축이는 갈망

길고도 짧은 순리의 반항 속에
아쉼도 울긋불긋 물들어가는

풀벌레 잠든 적막
우듬지 빈자리에 별들이 졸고
우수수 벗어나려 드러나는 가을

초록잎 지쳐 빨갛게 화상 입고
드러낸 혈관 탈수된 가여운 젊음

바삭
앙상한 몸 울부짖는 갈잎 소리
바람무덤 속으로 빨려가네…

계절

작열하던 태양
긴 여름

녹색으로 익어 가던
무성한 싱그러움
잎잎마다
계절의 초연함

천둥 번개 장대비 매질해도
잎들의 부드러운 이야기가
다정하게 들리면
오히려 매미의 울음소리 멈추고

시나브로
귀뚜라미 소리
가을을 부른다

포토맥강에도 가을이

누가 불을 질렀나?
산이
들이 모두 타들어 간다
포토맥강도 탄다
내 맘도 함께 탄다

강물에 드러누운
이끼 낀 고목엔
거북이 가족이 가을볕에 졸고
갈대 사이를 먹이 찾아 붐비는 새떼들

세월에 파인 주름
낙엽처럼
고웁던 내 얼굴에도 가을이…

억새풀

광활한 산등에
끝없는 억새밭
보이는 시야(視野)
모여 핀 억새풀
가을 하늘 닿을 듯
하얀 꽃 피운다

바람에
헝클어진 은발머리
세월의 등 떠민다

은빛 억새꽃 파도치니
빨간 단풍도 산을 태우며
호수에 잠긴다

석양의 붉은 노을에
억새풀 물드니
장관(壯觀)이어라
가을 산 억새풀

세월호

맑고 푸른 하늘에
희망은 가득한데

사월의 핑크빛 꽃들이
수없이 물에 잠긴다

갓 피어난 봄의 눈동자
꿈이 초롱초롱한데
채 피기도 전에

파도의 광란일까
신의 심판일까

파도는 맹수처럼 흰 거품 뿜으며
사자의 이빨로
삼켜버린 세월호

바다 깊이 빠져가는 젊은 영혼들

찢는 아픔 가시 되어 가슴에 박히고
개나리 노란 사랑이
가슴마다 흐르는 꽃비 눈물 되어

노란 리본에 담아 보는 사연마다
하늘에 띄우며…
두 손을 모은다

차 영 운의 시

차영운 약력

- 1954년 충남 공주 출생
- 1986년 미국 이주
- 2008년 미주 문예동우회 회원
- 2012년 월간 『해외문학』 에 수필로 등단
- 워싱턴창작문학회 회원
- 해외 문인협회 회원
- 월간 『조선문학』 에 시로 등단
- 현재 버지니아주 Fairfax 거주

It's raining

The cloud is gray in the sky
It begins to rain down everywhere
They're under ground plants are whispered
Weather wait's for a rainy day
Because it is dry on the land
When begin to plants are grow
Always God gives them rain everywhere
They're wild plants and flowers growing
nobody cares for them
They grow by them selves
Many years again and again God gifts
in the season and weather
They're wild life on the land and mountains
Every seasons spring summer fall and winter
It is a beautiful natural season and weather
Always enjoying four seasons are wild plants
God has a great plan in the world

Winter

The season is winter
It is very cold and windy
The sky is dark
It's beginning to snow down
I look out the window
Many trees are do not have leaves
Everywhere bare trees
But some trees are green
They're special trees
The pine trees are never changed their color
From spring to winter always green
It is a surprise to people in the world
Everywhere come in beautiful snow
It is like snow flowers on the trees
Wow!
It is natural winter flowers
And some dogs are jumping running and barking
They're very exited and really enjoying snow
It is snowing a winter day

나팔꽃

짙푸른 나무 위에
가냘픈 옷자락을 끌고
발길을 재촉한다
먼동이 트기 전에
은빛 구슬로 단장하며
기다리는 님
방긋 웃는 햇살에
살며시 미소 지으며
부끄러운듯 고개 숙이는
해 사랑 나팔꽃

하늘의 생명수

아버지 독생자의 영광이요
은혜와 진리가 충만하더라
말씀이 육신이 되어 이 땅에 오신 주
변화무쌍한 세월 속에
두 팔을 벌린 채 우리를 부르시는 주
수고하고 무거운 짐진 자들아
다 내게로 오라 내가 너희를 쉬게 하리라
하늘의 생명수 샘물로
온 세상을 적시는 구원의 십자가
믿음이 없이는 갈 수 없고 볼 수 없는 나라
언약의 말씀을 따라 새겨지는 믿음은
가는 길이 좁고 험할지라도 겸손과 진리로
포도나무의 가지가 되어 풍성한 은혜를
누리며 살아가리
주의 영이 충만한 이곳에
내 영혼 꽃이 피고 행복이 깃드는 영생의 길
말씀이 충만한 이 시대 온 세상이 구원받도록
살아계신 나의 주께 두 손을 모아본다

내 영혼의 쉼터

아침마다 새로운 주의 성실로
내 마음 사로잡는 그리스도의 사랑
새벽의 끝자락 생명의 마중물 소리는
내 영혼 소성케 하는 물소리
숨가쁜 인생의 발자취를 따라
숨어우는 영혼의 바람소리는
새벽별 따라 빛나는 주님의 은혜리라
주 없이 살 수 없는 인생길
가는 길에 등이 되고 빛이 되는
진리 안에서 누리는 생명의 길이라네
나의 삶에 믿음 소망 사랑
온전케 하시는 이의 지혜를 따라
전능자의 기운이 성령으로 채우시고
내 평생 구원의 기쁨과
세상이 줄 수 없는 위로와 평안으로
내 사는 날 동안 영혼이 쉼을 얻으리라

생명의 근원

그 좁고 험한 길
사랑의 발자취 따라
온 세상에 퍼지는 주님의 향기
메마른 땅에
샘물 터지는 은혜가
아침이슬처럼 가슴을 적시면
그리스도의 영이
우리 안에 생명이 되어
하나님의 자녀로 살게 하시네
주님의 말씀은
꿀보다 달고 오묘하여
영혼을 소성케 하고
인생 여정 속에 힘과 능력이라
들을 귀 있는 자는
성령의 음성을 듣고
믿음의 열매를 맺으며
포도나무의 가지가 풍성하리
나의 평생의
생명의 근원이 되신 주
만왕의 왕 만 주의 주가 되시네

가을

땀방울 속에
스며드는 찬바람
철새들도 둥지를 떠나고
꿈도 사랑도
여울진 세월 속에
깊어가는 인생의 발자취
무심한 세월
오색빛 물결 속에
무르익어가는 삶의 향기

세월

호르는 세월
잡지 못해
울부짖음의 소리

기쁨과 고통의
뒤안길에서
숨가쁜 외침도

빛과 어둠의
공간 속에서
말없이 흐르는 숨결

세상 곳곳에
다양한 사람들
서로가 고리를 매며

한 세대는
오고 가는 세상
인생의 미완성 속에

시끄럽고
요란스럽지만
계수할 수 없는 세월

오묘한 세상
세월의 여운 속에
인생의 무상한 날들…

낙엽

용광로같이
타오르던 낙엽이
열정 속에 깊어가는 만추
외면할 수 없는
인생의 길목에서
소리 없이 찬 서리를 맞으며
떨어지는 낙엽
찬란하던 인생이
노을 지는 가슴 속에
외로움이 낙엽 되어 뒹군다

워싱턴창작문학회원 전화번호

수록 회원	전화번호
김경란	703-901-0377
김남순	703-431-5795
김학선	703-244-1120
박도영	703-785-8613
박순애	703-942-5252
석은옥	703-934-2138 / 703-298-8475
오순희	703-677-5634 / 703-853-6524
옥정자	443-416-1637
이은애	571-235-8997
정영희	703-764-5344
조금선	703-802-0857 / 703-400-1734
조영복	703-448-0484
지영자	703-304-3715
차영운	703-278-8718 / 703-774-5797
하순득	703-455-6283
미수록 회원	**전화번호**
김수현	703-674-8544
이현애	703-919-7082
하순득	703-455-6283 / 703-298-3538
홍원애	919-767-1701

창작문학

2014년 3월 5일 인쇄
2014년 3월 15일 발행

지은이 / 워싱턴창작문학회
발행인 / 박진환
펴낸곳 / 조선문학사
등록번호 / 1-2733
주소 / 120-853 서울 서대문구 통일로 389(홍제동)
대표전화 / 02-730-2255
팩스 / 02-723-9373

ISBN 978-89-98115-99-9

정가 15,000원

* 인지는 저자와 합의 하에 생략
* 잘못된 책은 서점에서 교환해 드립니다.